心理学の卒業研究ワークブック

発想から論文完成までの**10**ステージ

小塩真司 著
宅香菜子

金子書房

はじめに

① この本の読者

おそらくこの本を手に取ったということは，あなたは……

1. これから卒業論文（卒業研究，ゼミ研究）に取り組もうとしている大学4（3）年生
2. 研究をどうしようかと悩んでいる修士課程の大学院生
3. 研究室の中で卒業論文に取り組んでいるゼミ生にアドバイスを考えている大学院生
4. 学生を指導している大学教員

これらのうちいずれかではないでしょうか。私たちは，これから研究活動に取り組もうとする学生の皆さんを主な対象としてこの本を執筆しました。けれども，学部学生だけでなく，大学院生も工夫すれば本書を活用することができると考えています。また，卒業論文に取り組む学生を指導中の大学教員の先生にも参考にしていただけると考えています。

② 締め切りは

あなたが卒業論文をまさにスタートしようとしているならば，締め切りはいつでしょうか。締め切りまであと何日残されているでしょうか。

◆締め切りは？……（　　　　　）月（　　　　　）日

◆残りの日数は？…（　　　　　）日

本書は合計70のステップからなります。論文を提出するまでに本書を利用して1日1ステップ作業を行うならば，締め切りまで70日必要です。しかし，それより短い場合にもあきらめる必要はありません。本書の複数のステップを一気に進めること，例えば1日に2ステップずつ頑張った場合には，1か月半ほどで何とか形にできるでしょう。また，70日よりも長いからと言って，この本を使えないということはありません。丁寧に1ステップに5日かけて取り組んだ場合には，約1年で仕上がります。自分の状況に応じて，ステップをうまく割り当ててください。

③ 対象とする活動

本書が対象としているのは，次のような活動です。

1. 心理学およびその周辺の学科に所属している学生の卒業研究
2. 文献研究に加え，何らかの形でデータを扱っていく研究活動
3. 学生が，既に決められた研究テーマや方法に沿って研究するのではなく，学生自身が研究テーマを自発的に見つけ，自主的に研究を行っていく活動

私たちは，心理学を専攻している学生を想定して本書を執筆しましたが，心理学に似た研究方法論を採用している学問分野であれば，同じようなステップで研究を進めることができると考えています。

④ 2通りの反応

「本書は，70のステップを通じて学生が卒業論文を完成させることを目指しています。」

このように書くと，おおよそ2通りの反応が返ってくるのではないでしょうか。

A 「論文完成まで70もステップがあるのか」（かんべんしてくれ！）
B 「たった70のステップで卒業論文を完成させようというのか」（けしからん！）

おそらく，Aはこれから卒業論文に取りかかろうとする学生に多く見られる反応でしょう。そして，Bは学生を指導している教員や大学院生に多く見られる反応ではないでしょうか。

Aの反応をしている皆さんに言いたいことは，本書で示した70ステップは「最低限これくらいのことをしてほしい」というものだ，ということです。「付け焼き刃の研究で良い」「何でもいいから仕上げて卒業できればそれでいい」「できるだけ楽をして研究を仕上げよう」「どうせ心理学を一生するわけじゃないんだから，体裁だけ整えればいい」といったことを考えている学生には，本書は向いていません。70ものステップをこなすことは，地道で大変な作業です。しかし，私たちは，大学生活の最後に一度くらい「研究活動」に身を投じてみるのも面白いはずだ，貴重な体験になるはずだと願い，エールを込めてこの本を執筆しました。

Bの反応をしている（おそらく指導している教員あるいは大学院生の）皆さんに言いたいことは，「では実際に学部の学生たちは本書で示した70ステップ以上の活動をしているだろうか」ということです。大学4年生になると就職活動で時間も潰され，サークル・部活動も引退までは忙しく，大学生活最後の1年ということで旅行に行ったりそのためのアルバイトに精を出したり……と，見ている教員が心配するのをよそに，いつまでたっても研究に取り組んでくれない（時には連絡さえよこさない）学生の姿を頻繁に目にすること

があると思います。おそらく学生たちは「さあ研究しなさい」「とにかく書いて持ってきなさい」「先行研究をレビューしなさい」と言われても，「何をしていいのかわからない」のです。本書はそのような学生を指導するにあたり，研究活動の細かなノウハウではなく「道筋」を示すことを試みたものです。

⑤　本書の使用に際して

　本書は，素朴なアイデアから研究を立ち上げ，データ収集を計画して実施し，分析し，論文にまとめ，プレゼンテーションを行うまでを 70 ステップでまとめたものです。この 70 の各ステップは困難度が異なりますので，おおよその目安時間が設定されています。もちろん，これはあくまでも目安であり，その通りに作業が進むことを保証するわけではありません。自分自身で目標時間を書き込むようにもなっていますので，計画的に作業を進めていきましょう。

　各ステップは見開き 2 ページで構成されています。そして，全 70 ステップは 7 つずつ 10 の上位ステージに分けられています。各上位ステージの最初には概要と所要時間の目安，あなた自身の予定を書き込む欄があります。各ステップには開始日時と終了日時，かかった時間数を記入する欄も用意されています。後で振り返れば作業記録にもなりますので，良い記録になると同時に，翌年，後輩へのアドバイスに役立てることもできるかもしれません。

　各ステップには，書き込むためのスペースが用意されています。「まとめてみましょう」「メモを取りましょう」など，各スペースには作業内容が示されていますので，指示内容に従って作業を進めてみてください。しかしおそらく，本書だけでは書くためのスペースが足りなくなることが予想されます。ですから，研究活動を始めるにあたって，1 冊「研究ノート」を用意してはどうでしょうか。ノートは紙のノートでも，PC（パソコン）上のファイルでも構いませんが，ペンで書くノートを 1 冊用意すると重宝します。ぜひ用意しましょう。

　本書は，研究のノウハウを提示して，その通りやれば最短コースで卒業論文が仕上がる，というものではありません。また，できるだけ楽に研究活動を進めることを推奨する本でもありません。本書はあくまでも「研究の道筋」を提示するものであり，「詳細は各自で調べてみましょう」という作業が数多く用意されています。なぜならインターネットや書籍，学術雑誌で情報を探すこと自体も，研究活動の一環だからです。研究活動は本書だけで完結するわけではありません。多くの情報に触れ，多くの人とコミュニケーションを取るように心がけましょう。

　ステップの中には，「仲間どうしで話し合ってみましょう」とか「指導教員に相談しましょう」など，周囲の人と一緒に作業を進める箇所もあります。研究活動は必ずしもひとりで進めるものだとは限りません。他の人と話す中で論文はより良いものに，研究もより良いものになっていきます。お互いに協力し合いましょう。また，折を見て指導している教員の指導や先輩のアドバイスを仰ぎましょう。もちろん，これは，一緒に研究活動を行っている仲間がいるかどうかや，あなたが指導を受けている教員の指導方針にもよりま

す。ゼミの仲間や指導している教員とよく相談しながら進めるようにしてください。

　本書で提示されるすべてのステップをクリアする必要はありませんが，なるべく途中のステップを飛ばさないでほしいと考えています。それは，おおよそ本書で描いたような流れで研究活動を進めれば，質・量ともに合格点に到達する論文が書けると信じて，私たちが本書を執筆したからです。

⑥　最初のステップへ

　先は長いように思うかもしれませんが，時間はあっという間に過ぎていきます。充実した研究の日々を過ごしてください。なかなか作業が進まないときでも，焦る必要はありません。ただ，毎日少しずつでもいいので，論文完成に向けて作業を進めるように心がけましょう。

　本書の活用方法を理解することができたでしょうか。さっそく，最初のステップへと進んでいきましょう。

　では，充実した研究活動と，良い研究成果が得られることを期待しています！

2015 年 8 月

小塩　真司

宅　香菜子

※なお，本書に記載しているホームページの URL 等は執筆当時のものです。

CONTENTS

はじめに …………………………………………………………………… i

【ステージ1】さあ始めましょう ………………………………………… 1

1-1 漠然とした思いや何となく気になっていることを紙に書いてみよう　2
　　①思いを文字にする　②どのような思いを文字にするか　③さあ，どんどん広げてみよう
1-2 他の人がどんなことを気にしているかも見てみよう　4
　　①書けましたか？　②他の人のアイデアを参考に　③自分の考えを練り上げていこう
1-3 身近な話題に目を向けてみよう　6
　　①世の中に目を向ける　②探してみよう　③組み合わせてみよう
1-4 周囲の人にアイデアを話してみよう　8
　　①情報を発信してみよう　②情報を整理する　③話してみて，もう一度整理する
1-5 研究で使うキーワードを探そう＆論文のキーワードを調べてみよう　10
　　①確認した方がよい言葉を挙げてみよう　②キーワードを探す　③論文の検索　④論文のキーワード
1-6 英語のキーワードも調べてみよう　12
　　①どうして英語を使うのか　②英語のキーワードと日本語のキーワードの対応　③英語のキーワードを使って論文を検索してみよう　④英語の論文をダウンロードしてみよう
1-7 研究テーマを設定してみよう　14
　　①研究テーマに入ってきそうな単語やキーワードを抜き出そう　②研究テーマを書いてみよう　③研究テーマの確認　④研究テーマを他の人と共有し，テーマを決定する

【ステージ2】アイデアの絞り込みをしよう ……………………………… 17

2-1 論文を探してみよう　18
　　①論文とは　②卒業論文を探す　③自分の研究に関連した学術論文を探す　④学術雑誌を手にしてみる
2-2 英語の論文も探してみよう　20
　　①英語で書かれた論文　②英語の論文を探す　③学術雑誌を手にしてみる

2-3　日本語の要約を読んでみよう　22
　　①日本語の要約　②論文の要約　③要約を読んでみよう

2-4　英語の要約を読んでみよう　24
　　①英語の要約のある論文を探そう　②決まった表現や単語を手がかりにしよう　③英語の要約を読んでみよう

2-5　論文の図表を読んで結果を読み取ろう　26
　　①図表は結果の要約　②図表を読み取る

2-6　英語を使ってリサーチクエスチョンを考えてみよう　28
　　①リサーチクエスチョンとは　②英語を使ってリサーチクエスチョンを考えてみよう　③論文の中に，リサーチクエスチョンがあるかどうか見てみよう

2-7　リサーチクエスチョンを立てよう　30
　　①もう一度研究テーマを書いてみよう　②リサーチクエスチョンを立てる　③リサーチクエスチョンを修正しよう

【ステージ 3】方法を選択して仮説を立てよう　33

3-1　研究方法を考えてみよう　34
　　①研究方法をメモしよう　②使うべき研究方法があるかどうかを確認しよう　③リサーチクエスチョンに研究方法を対応させよう

3-2　他の研究方法を考えてみよう　36
　　①研究方法は1つではない　②複数の研究方法を考える

3-3　研究方法をまとめよう　38
　　①1つの研究として　②研究方法をまとめる

3-4　重要な先行研究を探そう　40
　　①お手本を探す　②手に入れた論文を読もう　③論文を選び，課題をまとめていこう

3-5　重要な先行研究の知見を整理しよう　42
　　①論文に引用する準備をしよう　②データベースをつくる　③重要な先行研究の知見を整理しよう

3-6　英語の論文の知見も整理して，自分の研究の参考にしよう　44
　　①英語の論文とも自分の研究を関連付けてみよう　②「問題と目的」の部分を読むことで何を学べるか　③「方法」の部分を読むことで何を学べるか　④「結果」の部分を読むことで何を学べるか　⑤「考察」の部分を読むことで何を学べるか

3-7　仮説を立てよう　46
　　①仮説を立てるかどうか　②仮説を立てる場合

【ステージ 4】データを集める準備をしよう　49

4-1　どれだけデータを集めればよいのか考えてみよう　50
　　①言葉を調べてみよう　②おおよその値を調べてみよう

4-2 研究倫理について考えてみよう　52
　①データを集める基準を整理しておこう　②研究に協力してくれるであろう人のことを想像してみよう　③倫理審査はあるか　④研究倫理について調べてみる　⑤自分の研究について考えてみる

4-3 材料・道具を準備しよう　54
　①リサーチクエスチョンと仮説・研究方法の確認　②データを集めるために必要な材料・道具は何か　③材料・道具を考える

4-4 必要な書類を準備しよう　56
　①研究のための材料・道具以外にも　②研究を進めるための書類　③書類を準備する

4-5 データを集める準備をしよう　58
　①材料・道具を整理　②手順とセリフを考える　③準備をしよう　④準備したものを他の人に見てもらおう

4-6 海外の研究で使われている同意書を見てみよう　60
　①アメリカで一般的に使われている同意書を見てみよう　②同意書の構成について知り，自分の研究にいかせるかチェックしていこう

4-7 予備調査・予備実験をしよう　62
　①予備調査・予備実験の重要性　②予備調査をしよう

【ステージ5】データを集めよう　65

5-1 データを集め始めよう　66
　①データ収集のスタート　②途中経過を確認しよう

5-2 分析の手順を思い浮かべながら，どのソフトウェアを使うかを決めよう　68
　①データを集めながら　②統計処理ソフトウェア

5-3 分析方法のマニュアル本を見てみよう　70
　①マニュアル本を手に入れよう　②マニュアル本

5-4 分析方法が書かれたウェブサイトを探そう　72
　①インターネット上の統計解説　②注意点　③情報を見比べる

5-5 ソフトウェアを操作してみよう　74
　①操作してみる　②データを入力してみる　③基本統計量を算出してみる　④分析してみる

5-6 論文に書かれているデータ分析の手順に関する記述を見てみよう　76
　①先行研究を見て，どのような分析が使われているかチェックしよう　②英語の論文を見て，どのような分析が使われているかチェックしよう　③先行研究を見て，分析の手順がどのように記述されているかチェックしよう　④自分の論文で使うことになりそうな分析に関して，どのような数値が論文の中に含められているかチェックしよう

5-7 集めたデータを確認しよう　78
　①入力する前にデータを確認しよう　②データの入力と入力内容の確認をしよう　③基本統計量を確認しよう

【ステージ 6】データを整理しよう ……………………………………………………… 81

6-1 データを整理しよう　82
①おかしなデータはあるか　②欠損データがあるか　③外れ値があるか

6-2 尺度水準について考えてみよう　84
①データの意味　②名義尺度　③順序尺度　④間隔尺度

6-3 人口統計学的変数について考えてみよう　86
①参加者の特徴を押さえよう　②参加者の偏り　③参加者の分類

6-4 参加者の情報を整理しよう　88
①人口統計学的変数　②人口統計学的変数の特徴　③文章でまとめてみよう

6-5 データ収集手続きを整理しよう　90
①何をしたか　②再現できるように　③書いてみよう

6-6 英語の論文の「方法（Method）」の部分を読んでみよう　92
①人口統計学的変数に基づいた組み入れ基準と除外基準をチェックしよう　②英語の論文を見て，「方法」の部分にどのようなことが書かれているかチェックしよう　③先行研究の方法と自分の方法を比較しよう

6-7 「方法」の部分を書いてみよう　94
①「方法」の部分　②参加者　③使用した材料・道具　④手続き

【ステージ 7】分析してみよう ……………………………………………………… 97

7-1 分析のストーリーを描いてみよう　98
①一連の分析の流れ　②分析の流れを考えてみる

7-2 分析作業を進めよう　100
①分析を始める　②流れに沿って進める　③何か問題はないか確認しよう

7-3 仮説が検証されたか考えてみよう　102
①仮説の確認　②確かめる分析内容　③結果をメモする　④検証された内容をわかりやすい言葉で言い換える

7-4 基本的な分析も押さえておこう　104
①基本統計量　②関連を確認する　③図を描く

7-5 他の分析方法も試してみよう　106
①他の方法を試してみよう　②どんどんチャレンジしてみよう

7-6 テイクホームメッセージを考えよう　108
①卒業論文の柱になりそうな結果をまとめてみよう　②言いたいことの中から，特に一番伝えたいことをまとめてみよう　③論文のタイトルからテイクホームメッセージを考えてみよう

7-7 論文の「結果」の部分を書き始めよう　110
①目標を明確にしよう　②予定を立てよう　③記録しよう

【ステージ 8】「結果」の部分を書こう　……………………………………… 113

8-1　目的と仮説を文章にまとめてみよう　114
①目的と仮説を見直す　②「方法」の部分につながるよう，論文の形にしていこう

8-2　仮説に対応する結果をまとめよう　116
①仮説に対応する結果はどれ？　②必要な情報

8-3　表（Table）をつくろう　118
①柱となる結果以外も文章にしていこう　②表（Table）にまとめる　③表（Table）の例　④先行研究を見て表のきまりをチェックしよう　⑤表（Table）をつくろう

8-4　図（Figure）をつくろう　120
①結果を図（Figure）にまとめる　②図（Figure）の例1　③図（Figure）の例2　④図（Figure）をつくろう

8-5　結果のストーリーをつくろう　122
①ストーリーをつくろう　②図表を並べる　③結果の情報をまとめる

8-6　英語の論文で図表がどうまとめられているか見てみよう　124
①英語で図表がどうまとめられているか見てみよう　②英語での表のつくり方を調べてみよう　③英語での図の描き方を調べてみよう

8-7　「結果」の部分を仕上げよう　126
①項目に分ける　②結果を書くときの注意点　③とにかく書こう！

【ステージ 9】「問題と目的」・「考察」の部分を書いていこう　……………………… 129

9-1　論文の導入部分を書こう　130
①論文の入り口　②先行研究の導入部分をチェックしてみる　③導入部分を執筆する

9-2　仮説に向けたストーリーをつくろう　132
①論文のストーリー　②専門用語を並べる　③まとまりをつくる

9-3　「問題と目的」の部分を仕上げよう　134
①どんどん書いていこう　②「問題と目的」の執筆の注意点　③書いていこう

9-4　「考察」の部分に書く内容を整理しよう　136
①「考察」の部分に何を書くか　②情報の整理　③全体をまとめると何が言えるか

9-5　「考察」の部分を書き，限界と応用可能性，今後の課題を考えよう　138
①「考察」の部分を書いていこう　②限界と応用可能性，今後の課題を書こう

9-6　英語の論文を見てみよう　140
①卒業論文に引用できそうな英語の論文を選んでみよう　②英語の論文の「問題と目的」の部分をチェックしてみよう　③英語の論文の「考察」の部分もチェックしてみよう

9-7　論文の各部分を仕上げよう　142
①各部分の仕上げ

【ステージ10】書き上げてチェックしよう　145

10-1　論文の構成を整えよう　146
①論文全体のストーリー　②やってみよう　③論文を構成するその他の部分も仕上げていこう

10-2　仲間に読んでもらおう　148
①ピア・レビュー　②互いに読むポイント　③互いに読もう

10-3　要約を書こう　150
①論文の要約　②要約に必要な内容　③要約を執筆しよう

10-4　引用文献リストの体裁を整えよう　152
①文献リストをつくろう　②文献の並べ方　③心理学の文献リスト　④文献リストを完成させよう

10-5　最終確認をして論文を提出しよう　154
①締め切りを確認しよう　②プリントアウトして読もう　③教員による確認　④プリントアウトと製本

10-6　英語でのプレゼンテーション技術を参考にしよう　156
①論文をプレゼンテーションするための準備を始めよう　②発表形式の確認　③英語でのプレゼンテーション技術を参考にしよう：その1　④英語でのプレゼンテーション技術を参考にしよう：その2

10-7　発表準備をしよう　158
①発表形式の再確認　②伝えるために　③発表の道具づくり

引用文献・参考文献　161

【ステージ1】
さあ始めましょう

stage 1

　さあ，卒業論文完成のゴールに向かって，研究を始めましょう。しかし，何から手を付ければよいのでしょうか。ステージ1では，次の7つのステップを進めていきます。まず，普段の生活の中で気になっていることや自分の問題意識を書き留めることから始めてみましょう（1-1）。自分だけでなく，周囲の人が考えていることにも耳を傾け（1-2），世の中で何が話題になっているのかを知ることも重要です（1-3）。情報を集めたら，周囲の人に自分の考えを話してみて，他の人も興味を持つ話題なのかどうかを確認してみましょう（1-4）。研究の醍醐味は，自分の考えが世界中の研究者が積み上げてきた歴史の中に位置づけられる点にあります。自分の漠然とした思いと「研究」という大きな世界をつなげてくれそうなキーワードを探してみましょう（1-5）。きっと，普段使っている言葉とは少し違うキーワードが見つかるはずです。少し背伸びをして，英語でキーワードがどのように表現されるかについても知っておきましょう（1-6）。ステージ1のゴールは，卒業論文を完成させるために，研究のテーマを決めることです（1-7）。では，さっそく，所要時間の目安を参考に，自分の予定を書き込んで，ページをめくってみてください。

	ステージ1の7つのステップ	所要時間（目安）	予定	チェック
1-1	漠然とした思いや何となく気になっていることを紙に書いてみよう	1.5時間		
1-2	他の人がどんなことを気にしているかも見てみよう	2時間		
1-3	身近な話題に目を向けてみよう	1時間		
1-4	周囲の人にアイデアを話してみよう	1～4時間		
1-5	研究で使うキーワードを探そう&論文のキーワードを調べてみよう	3時間		
1-6	英語のキーワードも調べてみよう	3時間		
1-7	ステージ1のゴール：研究テーマを設定してみよう	1.5～3時間		

1-1 漠然とした思いや何となく気になっていることを紙に書いてみよう

開始日時（　　　　　）終了日時（　　　　　）かかった時間数（　　日　　時間）

① 思いを文字にする

　これから，7つの小さなステップを踏んで，何を研究するか，つまり研究のテーマを決めていきます。テーマを絞るのは最後です。ぎりぎりまで思う存分可能性を広げましょう。開始日時を記入しましたか？ではまず，普段生活をしている中で，どうなっているのかと不思議に思ったことを3つ書いてみましょう。後で書けばいいやと飛ばしてはいけません。「文字にする」ことが大事です。下の表を埋めてみてください。

1	最近不思議に思ったことは，
2	自分から見てなんとなくあれ?と思ったことは，
3	大学の授業を受けていてひっかかったことは，

　もう少し，続けてみましょう。普段生活をしている中で，自分なりに何か理由を考えてみたり，気になったりしているようなことはないでしょうか。普段漠然と思ったり感じたりしていることを，何でも言葉にしてみましょう。

4	最近思うのは，
5	普段の生活の中で，漠然と気になっていることは，
6	実は世間に言いたいなと思っていることは，

② どのような思いを文字にするか

　どのような思いを書いてみたでしょうか。例えば，（最近思うのは）「どうしてあの人は，あんな場面であんなことを言ってしまうのだろう」という思いはどうでしょうか。ま

た（最近思うのは）「私のような性格の持ち主は，他にもいるのだろうか」といった気持ちかもしれません。

　疑問の形式ではなく，主張したいことを書いたかもしれません。例えば（実は世間に言いたいなと思っていることは）「世の中の人々はもっと他人に優しくなるべきだ」とか「皆，もっと一生懸命勉強するべきだ」といったことです。

　あるいは，もっと素朴な思いでも構いません。例えば，「家で飼っているネコはどんな性格なのだろうか」といったことでも構いませんし，「そもそも，ネコに性格はあるのだろうか」と書いてもよいのです。

　重要なことは，どんな些細なことでも，何となく気になっていることがあればとにかく文字にしてみることです。この段階で「こんなことを書くのは恥ずかしい」とか「こんなことを書いて何になるのか」と思ってはいけません。まだ，どの思いがどのような研究に結びつくのか，まったく予想もつかないのですから。あと3つくらい挙げてみましょう。

7	卒業論文のテーマにはならないだろうけど，気になっているのは，
8	もし自分が天才的頭脳を持っていて何でもわかるのなら，今すぐ知りたいことは，
9	もし10人の世界的研究者を雇って何でも研究していいという条件だったら，

③　さあ，どんどん広げてみよう

　後で書こうというのはなしです。今やってください。頭に思い浮かんだ思い，気になることを，さっきよりは少し長めの文章にしていきましょう。ある文章から次の文章が派生しても構いませんし，脈絡のない文章を書いても構いません。

10	卒業論文ぽくなくてもいいのなら，
11	気になっていることをあえて挙げるなら，
12	私が今考えているのは，

　最初のステップはこれで終了です。終了日時を書き込んでおきましょう。

1-2　他の人がどんなことを気にしているかも見てみよう

開始日時（　　　　　）終了日時（　　　　　）かかった時間数（　　日　　時間）

① 書けましたか？

　1-1で，自分が漠然と抱いている事柄を言葉にすることはできたでしょうか。もしかしたら，枠を埋めるのに苦労した人がいるかもしれませんし，文章ではなく単語だけしか書くことができなかった人もいるかもしれません。それはそれで構いません。とにかく，自分が関心を持っていることについて，文字にすることが大切なのです。

　では，次の作業に進みましょう。

② 他の人のアイデアを参考に

　アイデアをふくらませる1つの方法は，他の人の研究テーマを知ることです。それでは他の人のアイデアに影響されてしまって自分らしさがいかせないのではないかと思うかもしれません。けれども，「研究とはそもそも何か，どんなテーマが研究されているのか」という基本の知識を身につけるのも卒業研究の目的の1つです。そのためには，先輩や教員と話をして，彼らの研究テーマを知ることがとても良い方法です。

　では，さっそくやってみましょう。まずは周囲にいる仲間に，最近気になっていることについて聞いてみましょう。もし周りに誰もいない場合には，ウェブ上で「卒業論文」「心理学」「テーマ」などと入力して，どのようなテーマがあるのか見てみましょう。

・他の人の研究テーマの中から，印象に残ったものを箇条書きで書いてみましょう。

A. _____

B. _____

C. _____

　卒業論文というのは自分だけの力で完成させるものではありません。研究室やゼミと呼ばれる集団の中で，教員のもと，完成させるプロジェクトです。そのためには，自分が所属する集団（ゼミや研究室）の先生や先輩たちがどのようなテーマに関心を持っているかを知っておくことが大切です。先輩や教員から聞いてみたり，それぞれの大学で発行されている「紀要」と呼ばれる雑誌等をチェックしてみても構いません。テーマに統一性がある研究室もあれば，個々の研究テーマがばらばらの研究室もあります。自分の所属する研究室の研究テーマの傾向をチェックして，次の欄を埋めてみましょう。

・他の人の研究テーマとして見つけた内容を箇条書きで書いてみましょう。

D. _____

E. _____

F. _____

③ 自分の考えを練り上げていこう

　仲間，あるいは先輩や教員と会話を交わしたり，図書館やインターネットで調べたりして，研究テーマの例をいくつか見つけることができたでしょうか。その中には，あなたのアイデアの参考になりそうな内容は発見できたでしょうか。自分以外の人々の考え方を取り入れながら，自分のアイデアを練り上げていきましょう。

　ではここで前のページ，つまり 1-1 で自分が書いた内容を見直してください。1-1 で書いた内容と，この 1-2 で見つけた内容を見比べてほしいのです。両者をすりあわせながら，自分が気になること（研究テーマの候補になるかもしれない内容）を3つ，文章にしてみましょう。まだ具体的な研究に結びつくような内容である必要はありません。

　私たちの経験では，「アイデアが浮かばない」と困っている人の多くは，「卒業論文のテーマなのだから何か難しいものじゃないといけない」とか「自分にしか思いつかないようなオリジナリティーがないといけない」とか，「他の人が考えたことはやってはいけない」のような，いろいろな考えに縛られていることが多いようです。

　自分のアイデアの良し悪しを考えずに，1-1 で書いた 12 の内容とこの 1-2 で見つけた A から F の内容を見比べながら，自分の考えを練り上げていきましょう。

1	あなたが気になること：
2	あなたが気になること：
3	あなたが気になること：

　1-2 はこれで終了です。終了日時を書き込みましょう。

1-3 身近な話題に目を向けてみよう

開始日時（　　　　　）終了日時（　　　　　）かかった時間数（　　日　　　時間）

① 世の中に目を向ける

　研究の重要な点は，自分だけの個人的な問題を解決すること（例：なぜ妹は三日坊主じゃないのに，自分は三日坊主なんだろう）を超えて，他の人にもそれがあてはまるかもしれない（例：三日坊主ときょうだいには関係があるのかな）と考える点にあります。このテーマが社会にとって大切なものであればあるほど，研究の重要性が増します。広く世の中で話題になっていることを踏まえておくことで，研究に広がりが出てくるのです。

② 探してみよう

　どこから情報を探せばよいのでしょうか。まずは，書籍や雑誌，テレビ，ラジオ，新聞などいろいろなメディアから，今の世の中で話題になっていることを拾っていきましょう。

1	読んだ本や雑誌で印象に残っていること： 情報元（本の著者名等）：
2	テレビやラジオで印象に残っていること： 情報元（テレビの番組名等）：
3	ニュースで印象に残っていること： 情報元（ニュースの日時等）：

　また，検索サイトから自分が気になるキーワードでネットサーフィンし，面白そうな記事，興味がある内容を見つけたらその内容をメモに取りましょう。

1	検索キーワード： 見つけた情報： 情報元（URL等）：
2	検索キーワード： 見つけた情報： 情報元（URL等）：
3	検索キーワード： 見つけた情報： 情報元（URL等）：

【ステージ1】さあ始めましょう

やみくもにキーワードを入力して検索しても，あまり幅広い話題を目にすることができないかもしれません。インターネット上には，情報を発信する数々のウェブサイトがあります。各新聞社は独自のニュースサイトを運営していますし，その他にも各種ポータルサイトやニュースサイト，個人運営のサイトもあります。世界中で行われた研究を紹介するウェブページもあります。海外の研究でも日本語で紹介されますので，その内容をおおまかに把握するにはよいのではないでしょうか。そこで次はキーワード検索をするのではなく，さまざまなサイトの見出しを眺めながら気になる情報を抜き出してみてください。

1	見つけた情報： 情報元（URL 等）：
2	見つけた情報： 情報元（URL 等）：

（その他に見つけた情報は自分のノートやPCのファイルに記録しておきましょう）

情報を見つけたら，どこで見つけたのかを記録しましょう。その記録があれば，後で見返すことも，論文内で引用することもできるようになります。自分だけでなく，他の人もそれを見れば，後でその情報元にたどり着けるように配慮しましょう。

③ 組み合わせてみよう

いくつか世の中で注目されている話題を見つけることができましたか。では，こういった話題のテーマと自分がこれまでに挙げてきた関心あるテーマに，大きな隔たりがある場合どうすればよいのでしょうか。大きな隔たりがあると思っていても，自分自身が何となく気にしている思いに，世の中で広く注目されている問題を追加したり，その問題を触れさせたりすることはできるはずです。例えば「なぜ人と人がうまく付き合うのは難しいのか」という疑問は，世の中で注目されている「いじめ」にも関連するはずです。その研究は「いじめ」を正面から取り扱うものになるかもしれませんし，そうではなくても「いじめ」の話題を論文の一部に取り入れることで，最終的に「いじめ」の解決につなげるヒントを論文の中で挙げたりすることができるかもしれません。1-2の③に自分で書いた内容に，この1-3で見つけた内容（世の中で話題になっていること）を組み合わせることができそうか考えながら，その自分の考えを忘れないようにメモしておきましょう。

1-3はこれで終了です。終了日時を書き込みましょう。

1-4 周囲の人にアイデアを話してみよう

開始日時（　　　　　）終了日時（　　　　　）かかった時間数（　　日　　　時間）

① 情報を発信してみよう

　研究が「日記」と異なるのは，自分のアイデアを他の人と分かち合う点にあります。「情報を発信する」と書くと大げさですが，自分のアイデアを誰かに話すことで，自分の考えも整理されていくはずです。身近な周囲の人にこれまで自分が考えてきたアイデアやテーマの候補を話してみようというのが今回の内容です。より建設的な意見をもらうためには，研究テーマの候補になりそうな考えを自分なりにいくつかまとめておくことが大切です。1-1から1-3までを見直して，これまでに見つけた事柄を挙げておきましょう。

1-1で出てきた事柄	
1-2で出てきた事柄	
1-3で出てきた事柄	

　では，さっそく始めてみましょう。周囲にいる仲間やゼミのメンバーにここで書いたような自分のアイデアを話してみましょう。話し合ったら，次の内容をメモしてみましょう。

話した相手からどんな疑問や意見をもらいましたか？

② 情報を整理する

　次に，指導してくれる先生やゼミのメンバーと自分の考えについて話す準備をしていきましょう。そのために，これまでの内容を少し整理してみます。これまで集めてきた情報を，人に話すことを前提に整理するのです。ここでは簡単に，「1.きっかけ」「2.周辺情報」「3.疑問」という3点を1文ずつで整理してみましょう。

　例えば「人と人が付き合うのは難しい」という思いからスタートするとしましょう。「1.きっかけ」としては，身近な人とのトラブルが思い浮かぶかもしれません。また「2.周辺情報」としては，いじめや嫁姑問題，セクハラやネット上でのトラブルなど，世の中でどのような問題が生じているのかを紹介するのもよいでしょう。そしてそれらの具体例を受けた「3.疑問」として，「どうして人は他の人を攻撃するのか」という形でまとめていくのです。さっそく書いてみましょう。次の3点に沿って，文章を埋めていってください。

候補1	1. きっかけ
	2. 周辺情報
	3. 疑問
候補2	1. きっかけ
	2. 周辺情報
	3. 疑問

③ 話してみて，もう一度整理する

　次に，いよいよゼミのメンバーや研究室の指導してくれる先生に自分の考えを話してみます。質問が出たら，できるだけその問いに答えましょう。質問に答えることで，さらに自分の考えが洗練されていくはずです。どうしても答えられない質問がある場合には，その質問に答えることができるようにもっと情報を集め，整理する必要があることを意味しています。もしそのような経験をした場合には，すぐに取りかかりましょう。

複数ある候補を話してみて，どんな質問が出されましたか？

　話し終わったら，自分のアイデアをもう一度整理しましょう。おそらく，話す前と後とではその内容が変わってきているはずです。新たに思いついたことや，至急調べたいことなど，できるだけ盛り込んで整理していきましょう。

今の段階での自分の考えを整理してみると：

　なお，他の人が考えを話しているときには，その内容をよく聞き，どんなことでもよいので質問するようにしましょう。他の人の発表の中に自分の研究のヒントとなることが隠れているかもしれません。
　1-4はこれで終了です。終了日時を書き込みましょう。

1-5 研究で使うキーワードを探そう＆論文のキーワードを調べてみよう

開始日時（　　　　　）終了日時（　　　　　）かかった時間数（　　日　　　時間）

① 確認した方がよい言葉を挙げてみよう

　私たちが普段使っている言葉と研究で使用する言葉とは，必ずしも同じとは限りません。例えば「精神年齢が低い」という言葉を普段使うでしょうか。心理学で「精神年齢」というのは，知能検査において何歳の人と同程度の問題を解くことができたかを意味する指標のことであり，「考え方が幼い」ことを意味するわけではありません。1-4までで練り上げてきた自分の考えの中に含まれている「言葉」の中で，定義がいくつかあるかもしれない言葉，もしかしたら専門用語では違う意味を持っている言葉があるかもしれません。確認した方がよい言葉を挙げてみましょう。

（例）精神年齢，ストレス，神経質，人間関係

② キーワードを探す

　さて，研究の醍醐味は，自分が関心のある研究テーマが，これまでに積み上げられてきた数々の研究とつながる可能性にあります。研究どうしをつなげてくれるのに役立つのがキーワード（Key words）です。そしてこのキーワードは多くの場合，研究の成果がまとめられた論文に記載されています。日本語で書かれた論文の場合には，掲載先の雑誌の形式に合わせて日本語と英語の両方もしくは片方のみでキーワードが書かれています。例えば岡田（2011）による「現代青年の友人関係と自尊感情の関連について」という論文には，「現代青年」「友人関係」「自尊感情」というキーワードが最初のページに，adolescents, friendship, self-esteem という英語のキーワードが最後のページに記載されています。また，縄田（2014）による「血液型と性格の無関連性」と題された論文には，blood-typing, blood type stereotypes, blood group, personality, pseudoscience という英語のキーワードのみがつけられています（順に「血液型分類」「血液型ステレオタイプ」「血液型」「パーソナリティ」「疑似科学」）。少し練習してみましょう。手元にあるどんな論文でもよいです。キーワードが載っているものを見つけて，書き出してみましょう。

キーワードは何個ありましたか？：
キーワードを書き写してみましょう：

③ 論文の検索

日本語の論文は，J-STAGE（科学技術情報発信・流通総合システム：https://www.jstage.jst.go.jp/）や CiNii（NII 学術情報ナビゲータ：http://ci.nii.ac.jp）で検索することができます。検索窓に自分の気になるキーワードを入力し，論文を検索してみましょう（心理学研究などの学術雑誌名，著者名などでも検索できます）。

気になる論文を2本以上見つけましょう。見つけたら，著者名，発行年，論文タイトル，論文が掲載された雑誌名，巻数，ページ数（○○－○○）を以下に記入しましょう。3本目以降の論文の情報は自分のノートやPCにメモしておきましょう。

①著者／発行年／タイトル／雑誌名／巻数／ページ
②著者／発行年／タイトル／雑誌名／巻数／ページ

④ 論文のキーワード

検索で見つかった論文のうち，pdf ファイルが用意されているものはそのまま論文を読むことができます。ダウンロードができない場合は，次のいずれかを試してください。
1. 大学内の LAN に接続した PC で pdf ファイルを読める場合があります。自分の PC やタブレットを学内 LAN に接続するか，学内に用意されている PC で試しましょう。
2. 図書館でコピーを取り寄せることが可能です。図書カウンターに依頼しましょう。
3. 大学院生や教員がその雑誌を持っていたり，図書館に保管されていたりする場合があります。尋ねてみましょう。pdf ファイルがないからと読むのをあきらめるのではなく，貪欲に情報を手に入れる姿勢が大切です。

では，検索で見つかった論文を実際に手に入れて，そのキーワードを確認し，以下に記入してみましょう。なお，キーワードは日本語でも英語でも構いません。

1	論文名
	キーワード
2	論文名
	キーワード
3	論文名
	キーワード

1-5 はこれで終了です。終了日時を書き込みましょう。

1-6　英語のキーワードも調べてみよう

開始日時（　　　　　）終了日時（　　　　　）かかった時間数（　　　日　　　時間）

①　どうして英語を使うのか

　1-5で日本語の論文を検索していたとき，キーワードは英語で書かれているものもあって，「なぜ英語？」と思ったかもしれません。例えば「悲観的」な性格に関する論文で，悲観的な態度が今の日本の社会で問題になっているのならば，それをわざわざ「pessimism」と英語に訳してキーワードに載せる必要はないと思ったかもしれません。それでも多くの学術雑誌で英語のキーワードを入れるのは，研究を日本国内だけではなく，世界中で行われている研究とつなげていくこと，つまり両者の接点を大事にしているからです。では，英語のキーワードにはどんなものがあるのでしょうか。自分のテーマに関係していなくても構いませんので，英語のキーワードを手元の学術雑誌や，心理学辞典，心理学学術用語辞典などから抜き出してみましょう。

（例）Personality	（例）Motivation	

②　英語のキーワードと日本語のキーワードの対応

　英語のキーワードは，必ずしも日本語のキーワードの直訳ではありません。例えば1-5で紹介した岡田（2011）の論文では，「現代青年」「友人関係」「自尊感情」という日本語のキーワードと，adolescents, friendship, self-esteem という英語のキーワードが記載されています。もし日本語をそのまま訳すのならば「modern adolescents」「relationships with friends」「feelings of self-esteem」でも間違いではありません。キーワードの目的は，そのキーワードを使って検索する他の人たちの目に，自分の論文がとまるようにすることです。ですから，検索にかかりやすい言葉で，簡潔に表す必要があります。また，言葉は日本語と英語でそのまま対応しているわけではありませんので，ずれがあっても問題はありません。いくつか例を探してみましょう。

English Key words	日本語でのキーワード

③ 英語のキーワードを使って論文を検索してみよう

　英語のキーワードが見つかったならば，英語で書かれた論文を検索することができ，検索対象となる論文が一気に広がります。1-4 で，日本語の論文の場合には，J-STAGE や CiNii で検索することができると説明しましたね。英語の論文の場合には，PsycINFO（アメリカ心理学会のデータベース）や Google Scholar（グーグルのデータベース：http://scholar.google.co.jp）があります。それ以外にも各分野に関係するデータベースはたくさんあります（医学の分野で PubMed など）。

　これらのデータベースの中には，個人では利用できず，大学のネットワークを通してのみ利用できるものもあります。日本語のキーワードと英語のキーワードで検索してみて，何本くらい論文が見つかるか試してみましょう。

英語のキーワード	検索数	日本語のキーワード	検索数

④ 英語の論文をダウンロードしてみよう

　検索窓に自分の気になるキーワードを英語で入力し，論文を検索してみましょう。タイトルの情報からおもしろそうだと思ったら，著者名，発行年，論文タイトル，論文が掲載された雑誌名，巻数，ページ数（○○－○○）を以下に記入しましょう。3本目以降の論文の情報は自分のノートや PC にメモしておきましょう。

例：著者／発行年／タイトル／雑誌名／巻数／ページ
Ambwani et al. (2007). Culture, Gender, and Assessment of Fear of Fatness. *European Journal of Psychological Assessment*, **24**, 81-87.
Key words: Culture, Spanish, Gender, Fear of Fatness, Psychometrics
(1)　著者／発行年／タイトル／雑誌名／巻数／ページ
Key words:
(2)　著者／発行年／タイトル／雑誌名／巻数／ページ
Key words:

　1-6 はこれで終了です。終了日時を書き込みましょう。

1-7 研究テーマを設定してみよう

開始日時（　　　　　）終了日時（　　　　　）かかった時間数（　　日　　　時間）

① 研究テーマに入ってきそうな単語やキーワードを抜き出そう

ここまで，さまざまなアイデアを可視化する作業を行ってきました。アイデアを絞り込むことができたら，自分が取り組む研究の「テーマ」（中心課題・主題）を設定してみましょう。1-1から1-6を見直して，自分が取り組む研究のテーマに入ってきそうな単語やキーワードを抜き出してみましょう。

(例) 人見知り			

研究テーマは単語をそのまま羅列するのではなく，多くは疑問文の形で表現されます。個別の問題を解決する具体的な疑問（例えば「今の彼女は前の彼女よりも人の顔色を読むのが上手だろうか」）で構成されるものというよりは，ある程度の広さのある主題（例えば「人の顔色を読む能力の個人差は，恋愛関係にどのような影響を及ぼすのか」）となります。

そして，より具体的な疑問は，研究テーマの下位に複数の問いとして立てることができます。つまり，ここで設定する研究テーマとは，いくつかの具体的な疑問をとりまとめた大きな疑問（個人的な疑問を超えたもの），と言えるものだとイメージしてください。

しかし，範囲が広すぎても，限られた時間内で解決不可能な研究テーマになってしまいます。例えば「人間はなぜ地球上に生きているのか」という疑問は，壮大で何らかの明確な回答がほしい疑問かもしれませんが，卒業論文で皆さんが取り組む研究の範囲を超えています。逆に「自分の所属する学部で，何パーセントの大学生がこの世に生まれたことを良いと思っているか」という疑問は範囲が狭すぎます。この疑問は「そう思っていますか？」と尋ねて「はい／いいえ」で答えてもらうだけで研究が終わってしまい，それがどのように今社会で問題になっていることにつながっていくかという部分が不足しています。

例えば，「大学生はどのような友人関係を望んでいるのか」「服装は他者にどのような印象を与えるのか」「人はどのようなときに他者を妬むのか」といった疑問文で表された研究テーマはどうでしょうか。また，必ずしも疑問文でなくても，「学生のソーシャルネットワーク依存とパーソナリティの関係について」といったように，ここからいくつかの疑問が導き出されるような表現で書くのもよいかもしれません。

② 研究テーマを書いてみよう

では，これまでに探して整理してきた研究で使えそうなキーワードをよく取捨選択し

て，自分自身が取り組む研究テーマを設定してみましょう。「これなら興味を持って取り組めそうだ」という判断がまだつかない場合には，1-1 から 1-6 までで行った作業を，もう一度振り返ったり，指導教員の先生や仲間に相談してみたりしてください。

あなたの研究テーマを疑問文の形で書くならば：
あなたの研究テーマを疑問文ではない肯定文などの形で書くならば：

③　研究テーマの確認

研究テーマの是非を判断するにあたって，以下のチェックリストを見てみましょう。いくつくらいあてはまりますか？

- ☐ この研究テーマは何らかの答えが出せそうですか？（例えば「人は死んだらどこにいく？」というのは答えが出せないので研究テーマとしては難しいですね）
- ☐ この研究テーマは自分が興味を持っていることですか？
- ☐ この研究テーマは社会で問題になっていることに関係しそうですか？
- ☐ この研究テーマは卒業論文という限られた時間で取り組めそうなものですか？
- ☐ この研究テーマはゼミや教員の同意を得られそうですか？

④　研究テーマを他の人と共有し，テーマを決定する

では研究テーマを決定しましょう。周囲の人，特に先輩や大学院生，教員に，自分が設定した研究テーマについて話をしてみてください。設定した研究テーマが具体的すぎたり，漠然としすぎたりしていても，自分自身でそれを判断するのは難しいものです。

研究テーマを話して返ってきた感想や疑問を踏まえて，研究テーマを書いてみましょう。

話した経験を踏まえて，研究テーマを書き直してください。

ステージ 1 はこれで終了です。終了日時を書き込みましょう。

研究への最初のステップをうまく踏み出せたでしょうか。この調子で，次のステップへと進んでいきましょう。

MEMO

【ステージ 2】
アイデアの絞り込みをしよう

stage 2

　さあ，卒業論文に向けて，良いステップを踏み出すことができたでしょうか。ステージ2では，これまでの研究の成果がまとめられている専門的な文献を読みながら自分のアイデアをさらに洗練させ，リサーチクエスチョン（研究上の問い）を立てることを目指します。まず，自分の研究に関連しそうな論文を探すところから始め (2-1)，英語の論文も探してみましょう (2-2)。論文を探したら，要約を読んでみましょう。最初は日本語で (2-3)，そして英語でも読んでみます (2-4)。とうとう本格的に論文に取り組んでいくことになりますが，不安に思うことはありません。論文には多くの場合，パターンがあります。そのパターンに少しずつ慣れていくことで，論文をより効果的に読み込んでいくことができます。そのひとつのテクニックは，論文に掲載されている図表を読み取ることです (2-5)。そして，ステージ2のゴールであるリサーチクエスチョンを立てるにあたり，英語の論文でそれがどのように書かれているかを知っておきましょう (2-6)。ここまで来ると，自分自身のリサーチクエスチョンを立てることも，それほど苦にはならないと思います (2-7)。

　では，所要時間（目安）を参考に，自分で予定を立ててみましょう。予定を立てたら，ステージ2のスタートです。ページをめくってください。

	ステージ2の7つのステップ	所要時間（目安）	予定	チェック
2-1	論文を探してみよう	3時間		
2-2	英語の論文も探してみよう	2時間		
2-3	日本語の要約を読んでみよう	1時間		
2-4	英語の要約を読んでみよう	2〜4時間		
2-5	論文の図表を読んで結果を読み取ろう	2時間		
2-6	英語を使ってリサーチクエスチョンを考えてみよう	2〜5時間		
2-7	ステージ2のゴール：リサーチクエスチョンを立てよう	1.5時間		

2-1 論文を探してみよう

開始日時（　　　　　）終了日時（　　　　　）かかった時間数（　　日　　時間）

① 論文とは

　論文とは，学問上の研究成果を一定の手法で論理的に記述したものです。皆さんがこれから取り組む研究活動も，最終的には一定の形式の論文にまとめる必要があります。論文には，大学に提出して単位を取得する「卒業論文」や「修士論文」もあれば，学術雑誌（ジャーナル）と呼ばれるものに掲載される「文献」もあります。

　それぞれの学問分野には，それぞれの論文の執筆方法があります。卒業論文と皆さんが先にダウンロードしたような学術論文では，形式や文字数が異なります。けれども，一般的な論文のまとめ方を学ぶためには，論文をできるだけ多く読むことが一番の近道です。サッカーや野球が上手になりたければ，上手な選手の真似をしてみようと思うことでしょう。論文の執筆も同じなのです。

② 卒業論文を探す

　まず自分が所属する学部や研究室，ゼミ等の先輩が書かれた卒業論文を探してみましょう。卒業論文がどのように保管されているかは各大学によって異なります。先生や先輩に聞いてみましょう。

見つけた卒業論文の題目	構成，まとめ方など気づいたことをメモしましょう

注：スペースが足りない場合は，自分のノートやPCにメモを取りましょう。

③ 自分の研究に関連した学術論文を探す

　1-5で，論文のキーワードを探すために論文の検索をしましたね。ここでは，自分が設定したテーマに深く関連する学術論文を探していきましょう。1-5で紹介したように，J-STAGE（https://www.jstage.jst.go.jp/）やCiNii（http://ci.nii.ac.jp）を利用します。もしくは，Google（https://www.google.co.jp/），Google Scholar（http://scholar.google.co.jp）などの検索サイトを利用しても構いません。

　では，これまでのワークに基づいて，自分の研究に関連するキーワードを3つ，日本語で記入し，それぞれについて検索した結果，何本の論文が見つかったかメモしましょう。

キーワード1	検索数	キーワード2	検索数	キーワード3	検索数

検索結果が多すぎるときは，キーワードを増やします。多くの場合には，複数のキーワードをスペースで区切れば，入力された複数のキーワードをすべて含む論文が検索されます。ここでは，自分のテーマに直接関連しそうな論文を5本，探してみましょう。

1	著者／発行年／タイトル／雑誌名／巻数／ページ
2	著者／発行年／タイトル／雑誌名／巻数／ページ
3	著者／発行年／タイトル／雑誌名／巻数／ページ
4	著者／発行年／タイトル／雑誌名／巻数／ページ
5	著者／発行年／タイトル／雑誌名／巻数／ページ

④ 学術雑誌を手にしてみる

　ここでPCの前から離れて，大学の図書館や研究室の雑誌書架へ行ってみましょう。そこにはおそらく，心理学研究，教育心理学研究，発達心理学研究，社会心理学研究，心理臨床学研究といったタイトルの学術雑誌があるはずです。

　インターネットで検索されるpdfファイルの論文は，このように印刷され，雑誌の形で配本されているものがほとんどです。紙に印刷された論文を読むメリットは，思わぬ出会いがあることです。キーワードを検索して論文を見つけようとすると，そのキーワードが含まれていない論文は自動的に排除されてしまいます。学術雑誌を手に取り，表紙の論文タイトルを眺めてみましょう。その中には，キーワード検索では見つからなかったけれども，もしかしたら自分の興味・関心にかかわりのある論文や，自分の研究の幅を広げてくれるような論文が掲載されているかもしれません。

　さあ，学術雑誌をできるだけ多く手に取り，自分の研究に関連のありそうな論文を探してみましょう。欄が足りない場合には，自分のノートやPCにまとめていきましょう。

1	著者／発行年／タイトル／雑誌名／巻数／ページ
2	著者／発行年／タイトル／雑誌名／巻数／ページ
3	著者／発行年／タイトル／雑誌名／巻数／ページ

　2-1はこれで終了です。終了日時を書き込みましょう。

2-2 英語の論文も探してみよう

開始日時（　　　　　）終了日時（　　　　　）かかった時間数（　　日　　時間）

① 英語で書かれた論文

「英語の論文」となると，とたんに尻込みしてしまう人がいるかもしれません。「英語を読む」と聞いただけで「無理だ」と頭から決めつけてしまうのはもったいないことです。

世界中の心理学の論文の多くが英語で書かれています。日本語の論文の方が圧倒的に少数派なのです。たしかに日本で研究活動を行う上で，日本語で論文を書くことは大切です。しかし，大多数の論文が英語で書かれていることを考えると，皆さんの関心に近い論文も，世界のどこかで誰かによって研究されていて，その成果が英語で書かれている可能性はとても高いと考えられます。

② 英語の論文を探す

1-5や1-6で，英語のキーワードも探してみたはずです。これまでの作業に基づいて，自分の研究に関連するキーワードを3つ，英語で記入しましょう。

1.	2.	3.

英語の論文を探すには，1-6で使ったGoogle Scholar（http://scholar.google.co.jp）が便利です（日本語の論文も検索できます）。検索窓にキーワードを入力し，論文を検索してみましょう。検索結果が多すぎるときは，キーワードを増やします。また，検索窓の右端にある下向き三角形（▼）をクリックすると，検索オプションが表示されます。そこにもキーワードや著者名，出版年数を入れて検索してみましょう。また，もし大学で利用可能であれば，PsycINFOも使ってみましょう。膨大な数の論文が見つかるでしょうから，タイトルが自分の興味に合っているかどうか，論文をダウンロードできそうかどうか，比較的新しいかどうかなどチェックし，論文を3本選んでみましょう。見つけた論文の著者名や出版年数，タイトル等を以下に記入してください。

1	著者／発行年／タイトル／雑誌名／巻数／ページ
2	著者／発行年／タイトル／雑誌名／巻数／ページ
3	著者／発行年／タイトル／雑誌名／巻数／ページ

③ 学術雑誌を手にしてみる

　さて，ふたたびPCの前から離れて，大学の図書館や研究室の雑誌書架へ行ってみましょう。そこにはきっと，英語の学術雑誌も並べられているはずです。

　英語の学術雑誌は，心理学に関連するものだけでも世界中で数百種類が出版されています。現代では，ある学問領域だけでも世界中のすべての雑誌を読んでいくことは不可能と言ってもよい状況にあります。しかし，ある狭い研究領域では「定番の雑誌」というものがあります。例えば，社会心理学やパーソナリティ心理学では，*Journal of Personality and Social Psychology*（通称 JPSP）や *Personality and Social Psychology Bulletin*（PSPB）という雑誌が多くの研究者に読まれています。自分の研究に関連する論文がどの雑誌に多く掲載されているかがよくわからない場合には，大学院生や教員に尋ね，可能性がありそうな雑誌のタイトルをメモしておきましょう。

（例）*Journal of School Psychology*	

　2-1で日本語の雑誌について，その表紙を何冊か見ながら「キーワードの検索」では出会えなかったような論文を抜き出しましたね。ここでは同じことを英語の雑誌についてやってみましょう。英語の雑誌では，裏表紙あるいは表紙をめくって2ページ目にタイトル（目次）が載っていることもあります。タイトルだけ見ながら，何かヒントが隠されているかを見てみましょう。

　「でも，タイトルだけでは自分の研究に関連するのかどうかがよくわからない」と思うかもしれません。その場合には，論文の最初のページのどこかに，自分の研究テーマに関連しているキーワードが載っているか，チェックするのです（後ほど論文の読み方について説明しますので，ここではキーワードを探すだけで構いません）。

　論文の最初のページには，タイトル，著者名，論文の要約（アブストラクト，abstractと言います），キーワード（ない場合もあります），そして論文の冒頭の文章が書かれているはずです。そこを見渡して，自分のテーマに関連するキーワードが含まれているか判断するのです。

　さあ，雑誌をできるだけ多く手に取り，自分の研究に関連のありそうな論文を探してみましょう。欄が足りない場合は自分のノートやPCを使ってください。

4	著者／発行年／タイトル／雑誌名／巻数／ページ
5	著者／発行年／タイトル／雑誌名／巻数／ページ
6	著者／発行年／タイトル／雑誌名／巻数／ページ

　2-2はこれで終了です。終了日時を書き込みましょう。

2-3　日本語の要約を読んでみよう

開始日時（　　　　　）終了日時（　　　　　）かかった時間数（　　日　　時間）

①　日本語の要約

　ではいよいよ論文を実際に読んでみましょう。2-1で集めた日本語の論文の中から最初のページ，もしくは最後のページに，日本語の要約が掲載されているものを見つけてください。論文の中には，英語の要約のみで日本語の要約が掲載されていないものもあります。けれども，ここでは日本語の要約を読もうと思いますので，日本語の要約がつけられた論文を1本選んでください。選んだ論文の情報をメモしましょう。

著者／発行年／タイトル／雑誌名／巻数／ページ

②　論文の要約

　要約は，論文全体を効率よくまとめたものですので，要約を読めば論文全体で（1）何が目的で，（2）どのような方法を用いて，（3）どのような結果が得られ，（4）何が言えるのか，ということについて大筋が理解できるはずです。

　そして，論文の要約にはたいてい文字数制限がかけられています。論文の著者は，その文字数の中で論文の内容が的確に伝わるように，工夫して要約を執筆していきます。

　例えば森下（2006）に記載された日本語要約を以下に示します。読んでみてください。

　父親は，子どもとの関わりを通して精神面・行動面においてどのような変化を遂げるのだろうか。本研究は，その内容を明らかにし，その規定因を育児関与の頻度および個人的要因・家族要因・職場要因の3要因から検討したものである。まず，父親の発達の内容を明らかにするために，3～5歳の子どもの父親92名を対象に自由記述による質問紙調査を，さらにそのうちの23名に対し個別面接調査を行った。そこで得られたエピソードから尺度を作成し，それを用いて第1子が未就学児である父親224名に質問紙調査を行った。その結果，父親になることによる変化として「家族への愛情」，「責任感や冷静さ」，「子どもを通しての視野の広がり」，「過去と未来への展望」，「自由の喪失」の5因子が抽出された。これら5因子と育児関与，性役割観，親役割受容感，親子関係，夫婦関係，職場環境，労働時間との関連を検討した結果，「自由の喪失」以外の4因子は，育児に関心をもつことにより促され，そして，育児への関心は親役割を受容していること，平等主義的な性役割観をもっていること，夫婦関係に満足していること，子どもとの関係を肯定的に認識していることにより，促されることが示された。

　最初の疑問文は，この研究の「リサーチクエスチョン（研究上の問い）」にあたるものです。この論文では，父親が子どもとの関わりを通してどのような変化を遂げるのか，と

いう疑問が研究の動機となっていることがわかります。

　次の文章では，この論文で取り組む研究の具体的な目的が書かれています。父親の変化の内容を明らかにするとともに，その規定因（原因）を検討するという目的です。

　そして，その目的を達成するための方法が続きます。自由記述による質問紙調査と面接調査が行われ，さらに多くの父親を対象に質問紙調査が行われたことが書かれています。

　「その結果」から始まる文章と次の文章が，この論文の重要な結果です。どのような結果が得られているか，しっかり読んでみてください。この研究のリサーチクエスチョンに対して，どのような回答が与えられているでしょうか。

③　要約を読んでみよう

　では，自分で選んだ論文の要約を読んでみましょう。読んだら，どのようなことが書かれていたか，下の枠内に書いてみましょう。

　もしかしたらその要約には，リサーチクエスチョンが書かれておらず，研究の目的から書かれているかもしれません。また，研究の仮説から始まっているかもしれません。要約の始まりにはいろいろなパターンがあります。また，結果のみ書かれていて結論が書かれていないものもありますので，まずはこれらの情報があるかどうか，そしてある場合には何を言っているか，読み取って書いてみましょう。

1	研究の目的は？（リサーチクエスチョン：ある・なし）（仮説：ある・なし）
2	研究方法は？（研究対象となった人・動物の情報：ある・なし）
3	結果は？（主要な結果はいくつ載せられていますか？　1つのみ・2つ・3つ・4つ以上）
4	結論は？（結論：ある・なし）（研究の応用可能性についての記述：ある・なし）

　ぜひ他の論文の日本語の要約も読んで，同じようにまとめてみましょう！
　2-3はこれで終了です。終了日時を書き込みましょう。

2-4 英語の要約を読んでみよう

開始日時（　　　　　）終了日時（　　　　　）かかった時間数（　　日　　時間）

① 英語の要約のある論文を探そう

多くの日本語の論文にも，英語の要約（アブストラクト，abstract）がつけられています。英語の要約は，海外の研究者に対して，この論文の研究成果を知らせる意味があります。日本語の要約と同じように，英語の要約も論文全体を効率的に要約したものとなっているはずです。

「英語は苦手だ」と思っている人は，日本語の要約と英語の要約の両方が書かれた論文を探してみましょう。そうすれば，日本語の要約の内容も論文の内容もわかりますので，英語の要約が理解しやすいと思います。そのようにして慣れてから，英語の論文の要約を読むと良いと思います。一方，「英語が得意だ」と思っている人は，英語の論文の要約を選んでください。では，英語の要約を読んでみようと思う論文を選んで，その情報を以下にメモしてください。

著者／発行年／タイトル／雑誌名／巻数／ページ

② 決まった表現や単語を手がかりにしよう

2-3で紹介した森下（2006）の論文には，巻末に英語の要約が掲載されています。それを例として以下に示します。まず目を通してみてください。英語の要約も日本語の場合と同じように，(1) 何が目的で，(2) どのような方法が用いられ，(3) どのような結果が得られ，(4) 何が言えるのかという研究の大筋が理解できるように構成されています。

> The present study investigated how men changed by becoming fathers and what kinds of factors were related to their changes. The participants in this questionnaire survey were 224 fathers whose oldest children were preschoolers. The findings were as follows: 1) The development brought by becoming a father consisted of several components such as "affection for the family," "responsibility and calmness," "expansion of perspectives," "perspective on the past and future," and "loss of freedom." 2) These, except "loss of freedom," were promoted by having interest in child rearing and talking about the child with their wives or friends, while direct involvement with children such as playing or taking a bath with them promoted only "affection for the family." 3) Fathers' involvement in child care was associated not only with individual factors but also with family ones such as marital relations and father-child relations.

英語の要約には，よく使われる表現があります。いくつかの決まった表現や単語を覚えておくと，要約をすばやく読み取ることができます。

例えば冒頭の"The present study investigated …"という表現はそのひとつです。これは「本研究では…について検討した」という意味です。同じような表現に,"The aim of this study was …"とか"Purpose of the present study was …"といったものがありますが,すべて研究の目的を示しています。

次に"participants"という単語が見つかるでしょうか。これは「参加者」という意味です。このあたりに,調査に参加した人々の詳細を含む研究の方法が書かれていることがわかります。

また,"The findings were as follows:"と書かれた文章は,「結果は以下の通りである」という意味です。この後に,結果の内容が記載されています。"findings"が「研究の結果,得られた知見」だと覚えておくとよいでしょう。そして,最後に考察が書かれます。

③ 英語の要約を読んでみよう

さあ,自分で選んだ論文の英語の要約を読んでみましょう。2-3の日本語の要約と同じように,どのようなことが書かれていたか,枠内に書いてみましょう。キーワードも記載してありますが,必ずしもそのキーワードが使われているとは限りません。しかしともかく,英語の要約と向き合って取り組んでみましょう。英語の論文をチェックすることで,研究テーマの可能性がより広がるかもしれません。

1	研究の目的は?(キーワード:purpose, aim, this study, the current study, など)
2	研究方法は?(キーワード:participants, subjects, completed, survey, experiment, など)
3	結果は?(キーワード:findings, results, study revealed, など)
4	結論は?(キーワード:implication, application, suggest, など)

ぜひ他の論文の英語の要約も読んで,同じようにまとめてみましょう。これは「習うより慣れよ」です。何度も読んでいくうちに,よく使われる表現が身についてくることでしょう。

2-4はこれで終了です。終了日時を書き込みましょう。

2-5 論文の図表を読んで結果を読み取ろう

開始日時（　　　　　）終了日時（　　　　　）かかった時間数（　　日　　時間）

① 図表は結果の要約

　ステージ2の目的は，ステージ1で設定したテーマにしたがってリサーチクエスチョンを立てることです。リサーチクエスチョンを立てるにあたっては，先行研究で何が明らかにされてきたかを知っておくことが大切です。そのためには論文の要約（アブストラクト）だけでなく，論文に掲載されている具体的な結果を知ることが必要です。

　ではこれまでに選んだ論文の中から，図（Figure）や表（Table）が含まれているものを選んでください。論文の中でこの図表は，著者が結果をまとめて表記したいときに用いられます。従ってこの図や表を読み取ることができれば，その論文の主な結果を把握することができるというわけです。実証的研究（何らかのデータを扱って結果を出している論文）には，図表が用いられているものが多くあり，それらは良い手がかりになります。

② 図表を読み取る

　皆さんの手元にある論文から図（Figure）と表（Table）を1つずつ選びましょう。複数の図表がある場合には，「最も重要だと思うもの」を選んでみましょう。時々，研究方法を示す箇所で，研究参加者の属性をまとめるために表が使われている場合がありますが，なるべく結果に図表が使われているものを選びましょう。選んだら切り取って下の枠内に貼り付けるか大体の情報を写しましょう（枠内に収まらなくても構いません）。

図（Figure）	表（Table）

【ステージ2】アイデアの絞り込みをしよう

　通常，図には下側，表には上側にタイトルがつけられています。「Figure 1」「Table 1」といったように，通し番号もふられているはずです。図表を見つけたら，タイトルを読んでみましょう。タイトルは，その図表が何を表しているのかを端的に説明するものになっているはずです。

　次に，本文中では，その図表について説明がなされているはずです。本文の中で，図表について説明されている部分を探してみましょう。本文の中で，その図表につけられている通し番号（Figure 1 や Table 1）を探すのです。見つけたら，そのあたりの本文を読んでみましょう。最初は意味がよくわからなくても構いません。これまでに大学の授業で勉強したことを思い出しながら，まずはその部分を読んでみることが大切です。

図のタイトルは：	表のタイトルは：
図の横軸（X軸）は：	表の列に含まれている情報：
図の縦軸（Y軸）は：	表の行に含まれている情報：
図に含まれている変数は：	セルに含まれている情報：
その図は，どう説明されていましたか？	その表は，どう説明されていましたか？

　論文を読むのに慣れてきたら，図表にざっと目を通すと，論文のおおまかな内容をすばやく読み取ることができるようになります。また図表のつくり方は，日本の論文も海外の論文も共通していますので，英語の論文を読むときにも図表中心に目を通す方法は有効です。

　2-5はこれで終了です。終了日時を書き込みましょう。

2-6 英語を使ってリサーチクエスチョンを考えてみよう

開始日時（　　　　　）終了日時（　　　　　）かかった時間数（　　日　　時間）

① リサーチクエスチョンとは

　ステージ2のゴールが近づいてきました。ステージ1でおおまかな研究テーマを決めた後，自分のテーマに関連しそうな先行研究を日本語と英語でいくつか見つけてきたと思います。ステージ2では，それらを参考に「リサーチクエスチョン」を立てます。

　そもそも研究の目的は，何か疑問に思ったことや知りたいことを，「はてな」の形，つまり問いとして立てて，それに答えを出すために行う知的活動です。従って，「はてな」が含まれない研究テーマは，何のために研究しているのかがあやふやになりがちですので，そうならないためにも自分が答えを出したいと思っている内容を，「リサーチクエスチョン」の形で具体的にまとめておくことが大切です。

　それにあたって，ここでは英語を使ってみたいと思います。5W1Hを学んだ経験がありますか？ who, what, why, when, where, how です。これらを使ってみましょう。

② 英語を使ってリサーチクエスチョンを考えてみよう

1. まずは Who（誰が？）からスタートしてみましょう。

例1：誰がいじめの被害者になりやすいだろうか。
例2：誰と誰の相性が良いだろうか。
自分のテーマで「誰」を使うならば：

2. 次は What（何が？）です。

例1：何がきっかけになって物忘れが自覚されるのだろうか。
例2：何を目的として，人は登山するのだろうか。
自分のテーマで「何」を使うならば：

3. 次は Why（なぜ？）です。

例1：なぜある人は多数意見の言いなりになるのだろうか。
例2：なぜ子どもたちは同じ問題でつまずくのだろうか。
自分のテーマで「なぜ」を使うならば：

4. 慣れてきましたか？次は When（いつ？）です。

例1：いつ自分のことを客観的に見ることができるようになるのだろうか。
例2：いつから体重に強く関心を持つようになるのだろうか。
自分のテーマで「いつ」を使うならば：

5. あと2つですね。次は Where（どこで？）にトライしてみましょう。

例1：どこの地域で，お年寄りの満足度が高いのだろうか。
例2：どこの国で，人の性格が接客業に強く影響を及ぼすのだろう。
自分のテーマで「どこ」を使うならば：

6. 最後は，How（どのように？）です。

例1：どのようにして，人は自分らしさを意識するようになるのだろう。
例2：どのように能力が，空気を読む力に関係しているのだろうか。
自分のテーマで「どのように」を使うならば：

③ 論文の中に，リサーチクエスチョンがあるかどうか見てみよう

　これまでに手に入れてきた英語の論文を見てみましょう。リサーチクエスチョンは，論文の頭の部分，つまり冒頭から「方法」が始まるまでのどこかに記載されている場合が多いです。文章の中に「はてな」が含まれている場合には見つけやすいですが，必ずしも疑問文の形で書かれているとは限りません。例えば「We will address the following two research questions by examining …（何々を検討することによって，以下に示す2つの問いに関して研究する）」といった形で表されていることもあります。手元にある論文の頭の部分に焦点を当て，リサーチクエスチョンがあるか見てみましょう。見つけたらメモしておきましょう。

著者／発行年／タイトル／雑誌名／巻数／ページ
Research Question（あり・なし）：
著者／発行年／タイトル／雑誌名／巻数／ページ
Research Question（あり・なし）：

　2-6はこれで終了です。終了日時を書き込みましょう。

2-7 リサーチクエスチョンを立てよう

開始日時（　　　　　）終了日時（　　　　　）かかった時間数（　　日　　時間）

① もう一度研究テーマを書いてみよう

　ステージ1では，研究テーマを設定しました。1-7で自分が書いた内容を見直して，以下の枠内にもう一度，研究テーマを書いてみましょう。ステージ2のここまでの作業を行う中で，多少の変更があっても構いません。テーマは必ずしも卒業論文のタイトルになるとは限りませんので，あまり考えすぎず，自分は大体どのような内容の研究をするのかという「テーマ」を言葉にするつもりで書いてみてください。

```
あなたの研究テーマは？



```

② リサーチクエスチョンを立てる

　リサーチクエスチョンは，上で書いた研究テーマに関連する，より具体的で解決されるべき研究上の疑問です。あるひとつの研究テーマの下位には，複数のリサーチクエスチョンが位置していると考えるとよいでしょう。

　例えば，「大学生はどのような友人関係を望んでいるのか」という研究テーマであれば，
1. 「大学生の友人関係にはどのようなパターンがあるのか」
2. 「多くの大学生が望む友人関係のパターンはどれか」
3. 「望む友人関係のパターンが異なる大学生にはどのような性格や価値観の違いがあるのか」

といった内容が，リサーチクエスチョンにあたります。

　複数のリサーチクエスチョンは，並列なものとは限りません。例として挙げた3つのリサーチクエスチョンは，「1.大学生の友人関係にはどのようなパターンがあるのか」を明らかにすることで，次の「2.多くの大学生が望む友人関係のパターンはどれか」と「3.望む友人関係のパターンが異なる大学生にはどのような性格や価値観の違いがあるのか」を検討することができるような構造になっています。1つひとつ答えていくことで，最終的に研究テーマに何らかの答えを出していくような問いを立てることがポイントです。

　リサーチクエスチョンは，研究テーマに沿って3～5個程度考えるとよいでしょう。では，下の欄に，自分自身の研究テーマに沿ったリサーチクエスチョンを立ててみてください。

【ステージ２】アイデアの絞り込みをしよう

◆リサーチクエスチョンを書いてみましょう（３～５個）。

1	
2	
3	
4	
5	

③　リサーチクエスチョンを修正しよう

　リサーチクエスチョンを書いたら，仲間や大学院生などの先輩，教員に見せてみましょう。そして，助言をもらって修正しましょう。確認するポイントは，
１．立てたリサーチクエスチョンが研究テーマに沿ったものになっているかどうか
２．リサーチクエスチョンに答えていくと研究テーマ全体に答えることになるのかどうか
３．解決不可能なリサーチクエスチョンを立てていないかどうか
４．立てたリサーチクエスチョンは自分だけの個人的な疑問を超える可能性があるか
５．卒業論文という限られた時間の中で答えることができそうなクエスチョンか
です。では，周囲の人にリサーチクエスチョンを見せて話し合ってみましょう。そして話し合いの内容に基づいて，あなたのリサーチクエスチョンを修正してみましょう。

◆リサーチクエスチョンを修正しましょう。

1	
2	
3	
4	
5	

　2-7はこれで終了です。終了日時を書き込みましょう。
　この調子で，ステージ３へと進んでいきましょう。

MEMO

【ステージ3】
方法を選択して仮説を立てよう

stage 3

　ステージ2では，複数のリサーチクエスチョンを立てました。ステージ3では，それぞれのリサーチクエスチョンに答えを与えるための研究方法，そして仮説を考えていきます。研究方法にはさまざまなものがありますが，まずはどのような研究方法をとれば自分の研究のリサーチクエスチョンに答えを出すことができるのかを考えてみましょう（3-1）。もしかしたら，他にも研究方法の選択肢があるかもしれません（3-2）。複数の研究方法を考えたら，どの方法が最も適切かを考えていきましょう（3-3）。次に，「お手本」を探しましょう。自分の研究にとって直接参考になりそうな，重要な研究を探すのです（3-4）。重要な研究を見つけたら，その論文をじっくりと読んでみることで，自分の研究のヒントを特定しましょう（3-5）。英語の論文も読んでみて，より自分の研究に意義を持たせましょう（3-6）。これらの作業を終えた際に，ステージ3のゴールとして，自分自身の研究の仮説を立てましょう（3-7）。

　では，所要時間の目安を参考にしながら予定を記入し，ページをめくって始めましょう。

	ステージ3の7つのステップ	所要時間（目安）	予定	チェック
3-1	研究方法を考えてみよう	1時間		
3-2	他の研究方法を考えてみよう	2～3時間		
3-3	研究方法をまとめよう	1時間		
3-4	重要な先行研究を探そう	3～4時間		
3-5	重要な先行研究の知見を整理しよう	3～4時間		
3-6	英語の論文の知見も整理して，自分の研究の参考にしよう	2～4時間		
3-7	ステージ3のゴール：仮説を立てよう	2時間		

3-1 研究方法を考えてみよう

開始日時（　　　　）終了日時（　　　　）かかった時間数（　　日　　時間）

① 研究方法をメモしよう

ステージ2では複数のリサーチクエスチョンを立てました。次はそれらに答えを出すための研究方法を考えます。

研究という作業は，研究上のルールや倫理に則ってある特定の方法論を用いて進められます。心理学の場合でも，実験，観察，調査，面接，メタ分析，文献調査や理論的考察など，さまざまな研究方法がとられます。それぞれの分析方法には，長所と短所があります。皆さんの手元に，研究方法について書かれたテキストはあるでしょうか。心理学の入門書であれば，たいていどこかに研究方法のことが書かれているはずです。見つからない場合には，インターネットで検索しても構いません。次の欄に，それぞれの研究方法の特徴と長所・短所を簡単にメモしてみましょう。いくつか例を記入しておきますので，それも参考にしながら，表を埋めてください。この次のステップで，自分のリサーチクエスチョンに最適な方法を選ぶことになりますので，それぞれの研究方法の理解を深めるために，もしその方法を用いた研究の例が手元にあれば，それも記入しておきましょう。

研究方法	どのような研究方法か。長所と短所は何か。
実験法	内容： 長所： 短所：（例）実験によって得られた結果を，実験室の外の一般の生活にそのままの形であてはめられるかどうかはわからない点 研究の例：
観察法	内容： 長所：（例）言葉で自己報告できない赤ちゃんの行動や表情について情報を集めることができる点 短所： 研究の例：
調査法	内容： 長所： 短所： 研究の例：
面接法	内容： 長所： 短所： 研究の例：

メタ分析	内容： 長所： 短所： 研究の例：岡田涼（2009）．青年期における自己愛傾向と心理的健康：メタ分析による知見の統合．発達心理学研究, **20**, 428-436.
文献調査 理論的考察	内容： 長所： 短所： 研究の例：

② 使うべき研究方法があるかどうかを確認しよう

卒業論文では，研究の基本的なプロセスを学ぶことも重要な目的の1つです。そのため研究室によっては，学生に「新しいデータを取ることを必須とする」とか「実験群と統制群を設けること」といったルールがある場合があります。教員や先輩と話をして，取るべき方法に関して何かきまりがあるか情報を集めましょう。

③ リサーチクエスチョンに研究方法を対応させよう

では自分のリサーチクエスチョンに答えを出すには，どの研究方法が適切か考えていきます。2-7を見直して，自分のリサーチクエスチョンを左に書き込んでください。

次にそれぞれのリサーチクエスチョンに適切だと思う研究方法を○で囲んでみましょう。ただし，ステージ2で取り上げた森下（2006）の研究で，質問紙と面接法の両方が使われていたように，方法が1つとは限りません。ではやってみましょう。

リサーチクエスチョン	研究方法					
1.	実験法	観察法	調査法	面接法	メタ分析	文献調査
2.	実験法	観察法	調査法	面接法	メタ分析	文献調査
3.	実験法	観察法	調査法	面接法	メタ分析	文献調査
4.	実験法	観察法	調査法	面接法	メタ分析	文献調査
5.	実験法	観察法	調査法	面接法	メタ分析	文献調査

3-1はこれで終了です。終了日時を書き込みましょう。

3-2 他の研究方法を考えてみよう

開始日時（　　　　　）終了日時（　　　　　）かかった時間数（　　日　　時間）

① 研究方法は1つではない

　3-1で表に書き込んだように，あるリサーチクエスチョンに答えを出すための研究方法は1つとは限りません。研究のアプローチの可能性は複数あるのが普通です。各研究方法には長所と短所がありますので，複数のアプローチを考えることはとても大切です。

　例えば「大学生の友人関係にはどのようなパターンがあって，それは私たちの日頃の幸福感に影響を与えているのか」というリサーチクエスチョンの場合を考えてみましょう。

1. 実験法…ある大学生のグループには，友人に悩みを打ち明けてもらい（実験群1），別の大学生のグループには，友人と行動を共にしてもらい（実験群2），そしてまた別のグループには，何もしてもらわず（統制群），後日幸福感を測定する。
2. 調査法…友人関係のパターンと幸福感を測定する尺度を用いて，大学生に質問紙調査を実施する。
3. 面接法…大学生を対象に面接調査を行い，普段の大学生活の中で感じる友人関係の多様性や幸せだと感じる状況について自由に答えてもらう。
4. 文献調査…近年の大学生の友人関係や仲間関係について書かれた書籍・雑誌記事・新聞記事・論文や，青少年を対象とした意識調査の結果などを収集し，大学生の友人関係のパターンと幸福感についてわかっていることを整理する。

　大切なのは，1つの方法に固執しないことです。できるだけ自分自身の研究の可能性を広げるように，いろいろな研究方法について柔軟に考えてみましょう。

② 複数の研究方法を考える

　3-1を見直して，自分自身が設定したリサーチクエスチョンのうち，一番重要だと思うものを選んでみましょう。選んだら次の欄に記入してください。良い研究には，「柱」，つまり自分が一番明らかにしたい問いがあります。すべてのリサーチクエスチョンが重要に見えるかもしれませんが，思い切って，中心となるべき問い，論文の柱を決めましょう。

◆一番重要なリサーチクエスチョンは？

　では，このリサーチクエスチョンに答えを出すためには，どのような研究方法が考えられるでしょうか。もし，質問紙を用いた調査法を選ぶとするならば，どんな内容を組み込むことができそうですか？面接法はどうでしょう。3-1でまとめた面接法の長所，短所を

【ステージ３】方法を選択して仮説を立てよう

　思い出してください。自分のリサーチクエスチョンに答えを出すにあたり，面接をする意義がありそうですか？実験はどうでしょう。つまり，それぞれの研究方法を用いた場合に，どのような具体的な研究手続きが考えられるかについて，思いをめぐらせてほしいのです。具体的な研究手続きを考えるときには，実現できるかどうかにも注意しましょう。記入した研究手続きは，卒業論文の提出までの期間で実行可能でしょうか。また，自分が所属する大学・研究室の設備で実行可能でしょうか。

◆それぞれの研究方法のより具体的な研究手続きをイメージして書いてみましょう。

研究方法	具体的な研究手続き
1. もし実験をするならば…	
2. もし観察をするならば…	
3. もし調査をするならば…	
4. もし面接をするならば…	
5. もし文献研究をするならば…	

　ここでは，一番重要なリサーチクエスチョンに焦点を当てて，さまざまな研究方法の可能性を考えました。同じように，別のリサーチクエスチョンについても考えてみましょう。

◆２番目に重要なリサーチクエスチョンは：

◆実行可能な研究方法を３つ選び，より具体的な研究手続きをイメージして書いてみましょう。

研究方法	具体的な研究手続き
1.	
2.	
3.	

　他のリサーチクエスチョンについては，記入欄を自分で用意して書いてみましょう。
　すべてのリサーチクエスチョンについて書くことができたら，3-2は終了です。終了日時を書き込みましょう。

3-3 研究方法をまとめよう

開始日時（　　　　　）終了日時（　　　　　）かかった時間数（　　日　　　時間）

① 1つの研究として

　3-2では，1つのリサーチクエスチョンについて複数の研究方法を考えました。ここでは1本の論文として成立するように，つまり「卒業論文」の形になるように，それらをまとめていくことを考えてみましょう。

　ここでも例として，大学生の友人関係について取り上げてみたいと思います。研究テーマは，今の段階では広く「大学生の友人関係」としておきましょう。

　リサーチクエスチョンは，
1. 「大学生の友人関係にはどのようなパターンがあるのか」
2. 「多くの大学生が望む友人関係のパターンはどれか」
3. 「望む友人関係のパターンが異なる大学生にはどのような性格の違いがあるのか」
4. 「友人関係のパターンによって，大学生の幸福感に違いがあるのか」

という4つを設定したとしましょう。これら4つのリサーチクエスチョンに，一連の研究で答えを出していくことをイメージします。例えば……。

　リサーチクエスチョン1への答え→先行研究で友人関係のパターンやタイプについて調べてある論文を収集し，大学生の友人関係パターンやその影響を明らかにする＜文献調査＞
　リサーチクエスチョン2への答え→先行研究で使われている友人関係パターンの尺度を参考にしつつ，大学生に面接を行い，どのような友人関係のパターンを大学生が望んでいるのか，詳しく語ってもらう＜面接法＞
　リサーチクエスチョン3への答え→先行研究で使われている友人関係パターンの尺度と性格の尺度を実施し，望む友人関係のパターンとの関連を検討する＜調査法＞
　リサーチクエスチョン4への答え→友人関係の特徴によって実験群と統制群を設定し，従属変数である幸福感に差異が見られるか検討する＜実験法＞

　このように研究方法をつなげていくと，一連のリサーチクエスチョンが一連の研究方法・研究手続きへとつながり，1本の論文としてまとまる見通しが立ってきます。ただし，卒業論文でこれらすべてを網羅しなければいけないわけではありません。限られた時間，限られた状況の中でできるものを選びましょう。

② 研究方法をまとめる

　では，自分自身の研究について，研究方法をまとめてみましょう。ただし，まだよくわからないという場合があるかもしれません。本当に実現できるかどうか，それぞれの研究

【ステージ3】方法を選択して仮説を立てよう

方法で実際にどんな結果が得られそうか，具体的にはどのような仮説を検証するのかといった詳細な内容は，次のステップ以降で先行研究を読みながら検討していくことにしましょう。ここではまず，現在イメージしている研究方法を文章にしていきましょう。

リサーチクエスチョン1：
具体的な研究手続き

リサーチクエスチョン2：
具体的な研究手続き

リサーチクエスチョン3：
具体的な研究手続き

リサーチクエスチョン4：
具体的な研究手続き

注：各自が設定したリサーチクエスチョンの数だけ記入すればOKです。

　もし可能であれば，この段階で一度，教員あるいはゼミの先輩に，これらの研究手続きやリサーチクエスチョンが卒業論文として適切かどうか，相談してみるとよいでしょう。卒業論文の「柱」になりそうなリサーチクエスチョンがあるか，限られた状況の中で実現可能かどうかも相談しておきましょう。
　これで3-3は終了です。終了日時を書き込みましょう。

3-4 重要な先行研究を探そう

開始日時（　　　　　）終了日時（　　　　　）かかった時間数（　　日　　時間）

① お手本を探す

3-1から3-3では，研究方法について考えてきました。ここでは，自分がこれから取り組んでいく研究テーマに関連する重要な論文（先行研究）を探すことを目指します。

ここでの「重要な論文」とは，必ずしも自分の研究テーマそのものを扱った論文であるとは限りません。もちろん自分の研究テーマそのものを扱った論文が見つかればベストです。しかし，素朴な自分の興味・関心から研究テーマを決めていった場合，まったく同じ研究テーマを扱った論文がなかなか見つからないというケースはよくあります。

逆に，自分の研究テーマおよびリサーチクエスチョンとまったく同じ論文が簡単に見つかるということは，わざわざ新しく研究をする必要がないことを意味しているのかもしれません。なぜなら，自分が研究しようとしていることへの答え，自分が立てた問い（リサーチクエスチョン）への答えは既にその論文の中にあるからです。皆さんが卒業論文で取り組もうとしている研究とは，研究上の倫理に則って，まだ答えが出ていない問いに答えを出すこと，そして，何らかの「新しい知見」を手に入れることなのです。

ですから，ここで探す重要な先行研究とは，膨大な研究の流れの中に「何らかの形で自分の研究を位置づけてくれたり，道しるべを示してくれたりするような論文」ということになります。例えば，「服装は他者にどのような印象を与えるのか」というリサーチクエスチョンを立てたとしましょう。このテーマそのものを扱った論文はなかなか見つからないかもしれません。けれども，表情や色など他の要素が他者に与える印象を扱った論文は見つかるかもしれません。あるいは，服装のパターンやバリエーション，流行などを扱った論文も見つかるかもしれません。他にも，印象を研究するにあたってどのような方法がこれまでに用いられてきたか，ということに関する論文もあるかもしれません。実験法であれば自分の研究で応用できそうな実験計画を用いている論文，調査法であれば自分の研究で参考になりそうな分析手法を用いている論文などを見つけることもできるはずです。

② 手に入れた論文を読もう

2-1で，自分のテーマに関連しそうな論文をピックアップしましたね。そのページに戻り，論文リストを確認してみましょう。自分のノートやPCにまとめている場合には，それも参考にしてください。大体の目安として，論文リストに10本以上の論文があることが望ましいでしょう。この時点でもう少し論文を探す必要があれば，論文の検索を続けてから，次の作業に進みましょう。

では，論文リストに掲載されている論文に目を通してみましょう。これまでは，タイトル，キーワード，日本語あるいは英語の要約，図表を中心とした結果などに目を通すことによって，その論文の内容を理解しようという目的の読み方でした。ここではそれを一歩

進めて,「この論文は自分の研究にどう関係させることができるか」という目的で読んでいきます。研究とは自分だけが問いを立て,それに答えを出して終わりという活動ではありません。長い研究の歴史,そして広い研究の世界に,自分の研究を位置づける作業が大切です。そのことによって,また皆さんの後輩,そして次の世代の人が研究を重ねていくことが可能となるのです。

論文の内容を完全に理解するということにとらわれず,この論文の何が自分の研究に方向性を与えてくれるのかを考えながら読んでいきましょう。この大きな目的に向かうための第一歩は,(1) それぞれの論文で何が明らかにされているのか,(2) 何がまだわかっていないのか,そして (3) 自分の研究とどう関係しそうか,をメモしていくことです。

③ 論文を選び,課題をまとめていこう

1. 研究テーマが自分の研究と同じ,もしくは最も近い論文を1本選び,著者と年号を以下に記した上で,上記の3つの課題に取り組んでみましょう。

著者(発行年):
(1) この論文で明らかにされたことは:
(2) この論文でまだわかっていない点は:
(3) この論文を自分の論文と関係付けるとしたら:

2. 研究知見を自分の論文に引用したい論文を1本選び,同じようにやってみましょう。

著者(発行年):
(1) この論文で明らかにされたことは:
(2) この論文でまだわかっていない点は:
(3) この論文を自分の論文と関係付けるとしたら:

3. 書き方や構成を自分の研究の参考にしたい論文もありましたか?

著者(発行年):

4. 研究方法を自分の研究の参考にしたい論文はどうでしょうか?

著者(発行年):

これで3-4は終了です。終了日時を書き込みましょう。

3-5 重要な先行研究の知見を整理しよう

開始日時（　　　　　）終了日時（　　　　　）かかった時間数（　　日　　時間）

① 論文に引用する準備をしよう

　論文には，多くの引用文献が記載されていることに気づきましたか。他の人が書いた論文，先行研究の知見を引用するということは「コピー」ではありません。論文とは，自分が設定した研究テーマとリサーチクエスチョンに対し，何らかの形で答えを与えていく内容で構成されています。その際に，どうしてその研究テーマが重要なのか，どうしてそのリサーチクエスチョンが導かれたのか，研究の意義すなわち研究する理由を述べることで，その研究に存在意義が出てきます。

　例えば「大学生の友人関係」を研究テーマにした場合，近年の大学生の友人関係についてどんな問題があると言われており，これまでにどのようなことが検討されてきており，それらを背景にして今回の研究では何をどこまで明らかにするのか，ということを論文の中で説明できたならば，その論文の重要性が高まります。

　そこで必要なのが，先行研究を「引用」するという作業です。既に存在する論文や書籍，さまざまな記述（新聞の記事，インターネット上の情報なども含みます）を，引用元を明確にしながら，自分の研究に結びつけて引用することで，自分の研究の重要性を明らかにしていくのです。なお心理学の論文では，参考文献をつけることは，ほとんどありません。参考文献と引用文献の違いは，本文の中に実際に引用したかどうかです。参考にした文献はたくさんあるでしょうが，そのすべてを自分の論文の「文献」の部分に記載するのではなく，本文中に引用したもののみに絞りましょう。

② データベースをつくる

　多くの引用文献を駆使して論文を執筆していくためには，効率よく先行研究の知見をまとめ，自分だけのデータベースをつくっていくことも有効です。自分のリサーチクエスチョンに関係しそうなことが書いてあったら，そのことをノートやPCに書き留め，その記述がどの文献のものであるか，どのページに書いてあったかという情報も付記しておきます。PCであれば，書きためた先行研究の知見をキーワードで検索することも可能です。大きめのカードのような厚紙に記入していっても，後から整理することができます。各自で工夫してみましょう。

　「これを書き留めておいても，後で使わないかもしれない」と心配する必要はありません。たとえ引用しなくても，そのことを書いておくことは，必ず勉強になります。整理された先行研究の記述は，直接引用しなくても自分自身が論文を執筆する力を高める形で影響を及ぼすのです。ですから，何か「おっ」と思うことがあれば，多少自分の研究テーマに関係していなくても，書き留めておくことが重要です。

【ステージ3】方法を選択して仮説を立てよう

③ 重要な先行研究の知見を整理しよう

では，これまでに探してきた文献を中心に，研究知見のデータベースを作成していきましょう。書誌情報（著者／発行年／タイトル／雑誌名／巻数／ページ）も忘れないように。
◆自分の論文に引用できそうな記述を書き留め，書誌情報を付記しましょう。

---

(1) 書誌情報：

この論文と自分の論文が関係しそうな点は：

この論文で「おっ」と思った点は：

この論文の売りは：

この論文の弱点として著者が挙げている点は：

この論文を引用するならば：

その他メモしておきたいことは：

---

(2) 書誌情報：

この論文と自分の論文が関係しそうな点は：

この論文で「おっ」と思った点は：

この論文の売りは：

この論文の弱点として著者が挙げている点は：

この論文を引用するならば：

その他メモしておきたいことは：

注：これ以降は各自で工夫して，データベースをつくっていってください。

これで3-5は終了です。終了日時を書き込みましょう。

3-6 英語の論文の知見も整理して，自分の研究の参考にしよう

開始日時（　　　　　）終了日時（　　　　　）かかった時間数（　　日　　時間）

① 英語の論文とも自分の研究を関連付けてみよう

　これまで，自分の研究にとって重要な先行研究を集め，それをさまざまな観点からまとめてきました。研究という広い世界に自分の研究を位置づけるためには，英語の論文をチェックすることも大切です。ではやってみましょう。まずは自分の研究に関連しそうな英語の論文を選んで，以下にその情報（Reference）を記入してください。

（例）Hadar, L., & Sood, S. (2014). When knowledge is demotivating: Subjective knowledge and choice overload. *Psychological Science*, *25*, 1739-1747.

論文名：＿＿＿＿＿＿＿＿＿＿＿＿＿＿＿＿＿＿＿＿＿＿＿＿＿＿＿＿＿＿＿＿＿＿＿＿＿
＿＿＿

②「問題と目的」の部分を読むことで何を学べるか

　では，「問題と目的」の部分を見てください。複数の段落から構成されていると思います。知っておくべきことは，この部分に書かれている内容を自分の研究にそのままの形で引用することはほとんどないということです。ここを読む意義は，この研究の背景や目的，仮説を理解することです。ここには，この研究の結果として結局何が言えるのかという結論は含まれていません。むしろここを引用することは，その研究者が考えた「研究の意義」を自分の研究の「意義」としてそのまま採用することになりかねないので注意が必要です。論文において，「他の人が書いた文章をそのままコピーしている」という指摘が最も多く見られるのはこの部分です。おおまかな内容を把握したら次に進みましょう。

③「方法」の部分を読むことで何を学べるか

　「方法」の部分もそのままの形で引用することはまれです。ただし，自分の研究に関係付けるにあたって，方法をしっかりと理解することはとても有用です。やってみましょう。

この研究に参加した人・動物の属性は： ・それが自分の研究で考えている内容と異なる点は：
この研究で用いられている方法は： ・それが自分の研究で用いようと思っている方法と異なる点は：
この研究に含まれている変数は： ・それが自分の研究で含めようと思っている変数と異なる点は：

④ 「結果」の部分を読むことで何を学べるか

「結果」の部分に書かれてある内容を引用することはよくあります。なぜかと言うと，結果に書かれている内容はその論文の成果であり，著者が実際に見いだした知見だからです。関連付けられる点も引用できそうな箇所も複数あるはずです。まずは自分で選んだ論文の結果を箇条書きにしてみましょう。

この研究で得られている：
・1つめの結果は：
・2つめの結果は：
・3つめの結果は：
これらの結果から，新たな問い（リサーチクエスチョン）が生まれそうですか？　　（　はい　・　いいえ　）
これらの結果は，自分のリサーチクエスチョンに意義を与えてくれそうですか？　（　はい　・　いいえ　）
これらの結果をもとに，仮説を立てることができそうですか？　　　　　　　　　（　はい　・　いいえ　）
・1つでもあてはまれば，この論文を自分の研究の「問題と目的」の部分に引用することが理にかなっていると言えるでしょう。

自分の研究の結果が得られた後で，これらの論文の結果と比較して考察するというのは，とてもよくあることですが，それはまた後の段階になってから取り組みましょう。

⑤ 「考察」の部分を読むことで何を学べるか

「考察」の部分は，リサーチクエスチョンを立てたり，自分の研究の目的を定めたり，また仮説を立てるにあたって，最も重要な部分です。ここに焦点を当てて論文を読みましょう。

この論文の結論は何ですか：
この論文の著者は，その結果が得られたことについてどう説明していますか：   ・その説明に納得できますか。それ以外の説明がありそうですか。
今後の研究の方向性や課題が書いてありますか（Future research should …／More research is needed…などのフレーズから始まることが多いです）   ・そのうちのどれかと自分のリサーチクエスチョンはつながりそうですか。
この研究の問題点が書いてありますか（Limitations や weaknesses というキーワードがありますか）   ・その問題点の指摘と自分の研究がつながりそうですか。

3-6 はこれで終了です。終了日時を書き込みましょう。

3-7 仮説を立てよう

開始日時（　　　　　）終了日時（　　　　　）かかった時間数（　　　日　　　時間）

① 仮説を立てるかどうか

まず，自分の研究で仮説を立てるのが適切かどうかを考えましょう。ある物事について，実際にどのような状態になっているかを素朴に調べることがあります。このような場合には，明確な仮説を立てるのではなく，探索的な検討を行います。例えば…

1. リサーチクエスチョン：多くの大学生が望む友人関係のパターンは何か
2. 研究方法：調査法（あるいは面接法）
3. 先行研究の知見：大学生の友人関係はおおまかに，「関係回避群」「内面関係群」「気遣い・群れ関係群」という3パターンに分かれる。高校生・大学生では関係回避群が最も多かった（岡田, 2011）。

このような場合には，明確な仮説を立てるわけではありません。例えば，この3パターンの友人関係を実際に測定し，どのパターンを望む大学生が多いかという割合を探索的に検討していくのです。しかし，既に先行研究で割合に関する知見が得られている場合には，「○○という状況では，パターン1を望む大学生が多いことが明らかにされているので，今回の研究で設定する○○という状況では，むしろパターン1を望む大学生は少ないと予想されるだろう」などと仮説を立てることも可能です。どちらが正しいということはありません。これは目的次第です。

では自分のリサーチクエスチョンのうち，探索的に検討するのが望ましいと考えられるものはあるでしょうか。もしある場合には，より具体的な検討内容を記入してみましょう。

---

1. リサーチクエスチョン

2. 研究方法

3. 先行研究の知見

4. どのような探索的検討を行うか

---

② 仮説を立てる場合

もしも先行研究から理論的に考えて結果がある程度予測できる場合には，仮説を立てましょう。仮説は，リサーチクエスチョンと研究方法，先行研究の知見とを統合する形でで

【ステージ3】方法を選択して仮説を立てよう

きています。しかし，仮説をすぐに立てることができるとは限りません。例えば…

1. リサーチクエスチョン：「望む友人関係のパターンが異なる大学生は，性格に違いがあるのだろうか」
2. 研究方法：調査法
3. 先行研究の知見：表面的な友人関係の青年や関係回避的な友人関係の青年は，充実感を低く感じている（齊藤・藤井，2009）。

先行研究では，友人関係のパターンは充実感と関連することが示されていました。しかしこれは，実際の友人関係パターンの話です。望む友人関係の場合には，どのようなことが考えられるでしょうか。充実感に影響を与える性格にはどのようなものがあるのでしょうか。そもそも，充実感と性格に関係があるという知見は得られているのでしょうか。このように，先行研究の知見と照らし合わせながら，研究の仮説を考えていきます。では，自分のリサーチクエスチョンのうち仮説を立てることができそうなものを選びましょう。

仮説を立てるリサーチクエスチョン：

このリサーチクエスチョンを検討する研究方法は何でしょうか。

研究方法は？：

この問いに関連する先行研究の知見には，どのようなものがあるでしょうか。

リサーチクエスチョンと先行研究の知見から，どのような仮説を立てることができるでしょうか。

仮説：

他のリサーチクエスチョンについても，同じように考えていきましょう。
これで3-7は終了です。終了日時を書き込みましょう。

MEMO

【ステージ4】
データを集める準備をしよう

stage 4

　ステージ4では，ステージ3で決めた方法論に則って，リサーチクエスチョンに答えを導くために，データを集める準備を始めます。ステージ5で実際にデータを集め始めますので，ここでは予備調査・予備実験まで行うことを目的とします。早く準備を進めて，データを集める作業へと進みたいかもしれませんが，データは研究の成果に関わる重要な部分です。ここはひとつ，じっくりと準備をしていくことを心がけましょう。まず，一口に「データを集める」といっても，どの程度のデータを集める必要があるのか考えておくことが大事です（4-1）。そして，データを集める際のルールについても確認しておきましょう。卒業論文の中には新聞記事等既存の知見をもとにした分析（二次分析）を対象とするものもあります。しかし，多くの場合，データを取る相手は人か動物です。研究倫理に則って研究を行いましょう（4-2）。次に，データを集めるための道具や測定具を考え（4-3），必要な書類を準備します（4-4）。そして，データを集める準備を整えます（4-5）。準備をする中で，海外では研究を進めるにあたり，どのような同意書が使われているのかについても学んでおきましょう（4-6）。そしてステージ4のまとめとして，データを集める作業を試してみましょう（4-7）。これが予備調査・予備実験となります。

　では，所要時間の目安を参考にしながら予定を記入し，ページをめくって始めましょう。

	ステージ4の7つのステップ	所要時間（目安）	予定	チェック
4-1	どれだけデータを集めればよいのか考えてみよう	2時間		
4-2	研究倫理について考えてみよう	1.5時間		
4-3	材料・道具を準備しよう	4時間		
4-4	必要な書類を準備しよう	4時間		
4-5	データを集める準備をしよう	3時間		
4-6	海外の研究で使われている同意書を見てみよう	1時間		
4-7	ステージ4のゴール：予備調査・予備実験をしよう	2〜7時間		

4-1 どれだけデータを集めればよいのか考えてみよう

開始日時（　　　　　）終了日時（　　　　　）かかった時間数（　　日　　時間）

① 言葉を調べてみよう

　いよいよ具体的にデータを集める準備を始めていきます。リサーチクエスチョンは定まっていますか。それに答えを出すための研究方法も定まっていますか。卒業論文に取り組む人の多くは，これが初めての研究ということもあって，つい，あれもこれもと欲張りがちです。明らかにしたいことがたくさんあるのはとてもよいことですが，卒業論文ではなるべくテーマを絞り，「研究の流れを学ぶ」ことも目的の1つと考えましょう。

　では，データを集める準備を始めましょう。

　卒業論文に携わる多くの学生が抱く疑問は，「どれだけデータを取ればいいのだろう」です。この問いは「サンプルをどれだけ集めればいいのだろう」とも重なります。これらの疑問に答えるためには，研究に関わるいくつかの専門用語を知っておく必要があります。手元にある心理統計学のテキストや，これまでに受講した講義で取ったノート，本，インターネットでの検索などを活用して，それぞれの言葉の意味を復習してみましょう。巻末に参考文献を載せておきますので，それも参考にしてください。なお，詳しい内容は，自分自身でしっかりと学ぶようにしてください。そこを怠ってはいけません。

1. 検定力分析 (power analysis)	
2. 帰無仮説 (null hypothesis)	
3. 対立仮説 (alternative hypothesis)	
4. 有意水準 (α)	
5. β過誤 (β)	
6. 検定力 ($1-\beta$)	
7. 効果量 (Effect Size)	

　これらのうち，検定力分析について書かれた資料を勉強することで，データの数に関する疑問に答えが導き出されるはずです。その値を計算することができるソフトウェアもあります。わからない場合には，研究室の先輩や教員に聞いてみましょう。

② おおよその値を調べてみよう

　ここでは，少し違うアプローチでこの問題について考えてみたいと思います。検定力分析について解説した，英語の論文を参照するのです。次の論文を検索してください。この論文はうまく検索すれば，pdfファイルを手に入れることができるはずです（大学外からアクセスすると有料であっても，大学内からアクセスすれば無料でpdfファイルなどを手にすることもできる場合があります）。

　Cohen, J. (1992). A power primer. *Quantitative Methods in Psychology*, 112, 155-159.

【ステージ4】データを集める準備をしよう

要約が「One possible reason for the continued neglect of statistical power analysis in research in behavioral sciences is the inaccessibility …」から始まる論文です。

時間を見つけて，論文の内容をぜひ読んでみてください。この論文は，あまりにも多くの研究者が検定力分析をしないでデータを取っている状況を問題だと感じたコーエン博士（1923-1998）が，少しでも多くの研究者に利用してもらえるようにとその内容をわかりやすく説明したものです。2014年の時点で5,500回以上も引用されていて，今もさまざまな議論が展開されています。古い論文ではありますが，検定力の基礎について学ぶには良い内容だと思います。ではさっそく内容を見てみましょう。Table 1 には，各種の分析手法を用いた際に使用される効果量（Effect Size）が紹介されています。

ここでは，Table 2（p. 158）を見てみましょう。このTableは，縦軸に検定内容，横軸に有意水準（α）と効果量の大きさ（小 [Sm]・中 [Med]・大 [Lg]），セルの中の数値は必要とされるサンプルのサイズを表しています。つまり，「どれだけデータを取ったらいいのだろう」という疑問に対して目安となる数値が，このTableに書かれているのです。

さっそくこのTableを見ながら，次の枠内に数字を記入していきましょう。α = 0.01 と 0.10 の部分は省略して，5%水準のみをここでは使用します。

1．2つの群の平均値の差を検定するとき

Table 2 の 1. Mean dif を参照。枠内の数値は各群の人数なので，必要とされるデータは2倍した値になります。

有意水準	α = 0.05		
効果量	小	中	大
サンプルサイズ			

2．相関分析を行うとき

Table 2 の 2. Sig r を参照。これは2倍する必要はありません。

有意水準	α = 0.05		
効果量	小	中	大
サンプルサイズ			

3．3群間の平均値の差を分散分析で検討するとき

Table 2 の 7. ANOVA の 3g を参照。必要とされるデータ全体は3倍した値になります。

有意水準	α = 0.05		
効果量	小	中	大
サンプルサイズ			

4．独立変数が4つの重回帰分析を行うとき

Table 2 の 8. Mult R の 4k を参照。

有意水準	α = 0.05		
効果量	小	中	大
サンプルサイズ			

自分が行う研究では大体どれくらいのデータを取ればよいか，目安を書いておきましょう。
4-1 はこれで終了です。終了日時を書き込みましょう。

4-2 研究倫理について考えてみよう

開始日時（　　　　　）終了日時（　　　　　）かかった時間数（　　日　　　時間）

① データを集める基準を整理しておこう

ステージ3で決めた方法論に則って，自分が立てたリサーチクエスチョンへの答えを導くために，どのようなデータが必要か再確認しておきましょう。

新しくデータを取りますか？	はい（どれくらい？　　　　　　　　　）・いいえ
データの属性は何ですか？	子ども・大人・動物・その他（　　　　　）
詳しい属性も考えていますか？	（例）心理学の授業を取っている大学生，○○小学校の6年生など

② 研究に協力してくれるであろう人のことを想像してみよう

では，必要とするデータの目安がついたところで，研究倫理について確認しておきましょう。あなたは，誰かの研究のための調査や実験に参加したことがありますか。もし参加したことがあるのなら，そのときのことを思い出してみてください。調査や実験を依頼されて参加したとき，どのようなことを思ったり考えたりしましたか？もしも一度もそのような経験がないのであれば，想像して書いてみましょう。

質問紙に協力したことがありますか？（はい・いいえ）
どんなことを思いましたか？あなたの調査協力者はどんなことを思うでしょう？
実験に協力したことがありますか？（はい・いいえ）
どんなことを思いましたか？あなたの実験協力者はどんなことを思うでしょう？

③ 倫理審査はあるか

あなたの大学には，学生が人や動物を対象に調査・実験を行う際に倫理審査を受ける必要はあるでしょうか。そのような話があることを知っているでしょうか。

　　　　　　　　1. 知っている　　　　　2. 知らない

「2. 知らない」に回答した人は，倫理審査制度が設けられているかどうか，申請する必要があるかどうか，教員や先輩，大学院生に尋ねてみてください。

④　研究倫理について調べてみる

　日本の心理学会の中には，倫理規定を定めているところがあります。以下に例を挙げますので，目を通してみましょう。なお URL は変更される可能性がありますので，検索サイトも活用してアクセスしてください。なお，上から2つは pdf ファイルで読むことができますが，日本発達心理学会の倫理ガイドブックは書籍です。

- 公益社団法人日本心理学会　倫理規程
　http://www.psych.or.jp/publication/rinri_kitei.html
- 一般社団法人日本教育心理学会倫理綱領
　http://www.edupsych.jp/日本教育心理学会倫理綱領/
- 日本発達心理学会
　日本発達心理学会（監修）(2000)．心理学・倫理ガイドブック――リサーチと臨床――　有斐閣

⑤　自分の研究について考えてみる

　ここで取り上げた研究倫理規程や倫理要項に目を通した上で，自分の研究ではどのような点に注意していけばよいと考えるでしょうか。自分の考えを以下に記載してみましょう。また記載した内容について，教員からアドバイスをもらいましょう。

（例えば，次のことについて考えてみてはどうでしょうか）
- 研究対象者が研究に参加することで不利益は生じないでしょうか。

- 研究対象者に研究のことをどのように伝え，同意を得るでしょうか。参加が強制にならないことを伝えるためにどのような配慮をしますか。

- 研究対象者に事前に情報を開示できますか。できない場合には誤解が残らないようにどのような配慮をしますか。

- 得られたデータはどのように保管するでしょうか。

- 研究対象者から問い合わせがあった場合には，どのように対応しますか。

　4-2 はこれで終了です。終了日時を書き込みましょう。

4-3 材料・道具を準備しよう

開始日時（　　　　　）終了日時（　　　　　）かかった時間数（　　日　　　時間）

① リサーチクエスチョンと仮説・研究方法の確認

あなたが研究するテーマとその方法について，もう一度確認しておきましょう。設定したリサーチクエスチョンと仮説，キーワード，そしてその研究方法や対象を以下に記入してください。複数ある場合には，自分のノートやPCを活用してください。

リサーチクエスチョン	
仮説	
キーワード	
研究方法	
研究対象	

② データを集めるために必要な材料・道具は何か

あなたの研究方法は調査でしょうか，実験でしょうか，それとも面接や観察でしょうか。ここでは，その方法を遂行するために，どのような材料・道具が必要かを考えていきましょう。

例えば調査であれば，準備すべき材料は次のようなものが考えられます。

1. 調査を行う場所
2. あなたの研究の中心となる概念（キーワード）を測定する尺度や質問項目
3. あなたの研究の仮説を検証するための指標や測定尺度
4. 調査対象者の属性（年齢，性別など）を把握するための質問項目
5. 必要な尺度や項目を集めて印刷した質問冊子など

もし実験を計画しているのであれば，それに応じた道具を準備する必要があります。

1. 実験を行う場所
2. 実験刺激
3. 実験器具（PC，ヘッドホン，刺激図形など）
4. 実験を記録する道具（カメラ，用紙，筆記用具など）
5. 実験手順をまとめたメモなど

観察を計画する場合，どのような道具を準備する必要があるでしょうか。次のようなものが考えられるかもしれません。

【ステージ4】データを集める準備をしよう

1. 観察をする場所
2. 観察対象（行動など）を記録するチェックリスト
3. 行動の記録を保存する道具（用紙，筆記用具など）
4. 録音・録画をする道具など

面接であれば，何が必要になるでしょうか。

1. 面接をする場所
2. 面接の際に使用する質問項目や，注意すべき点をまとめたガイドライン
3. 面接内容を記録する筆記用具
4. 録音装置など

ここに挙げたものは一例に過ぎません。あなたの研究で必要な材料・道具を考え，しっかりと準備することが大切です。

③ 材料・道具を考える

では，あなたの研究ではどのような材料・道具が必要になるでしょうか。研究方法に応じた内容を具体的に考え，以下の枠内に書いてみましょう。

1. どこで？
2. 研究方法は？
3. 何を記録する？
4. 記録する材料・道具は？
5. 事前に用意しておくものは？

もれなく書くことができたかチェックしてみましょう。

チェック

研究対象者の属性を押さえておくための材料・道具は考慮に入れていますか？	
独立変数（予測変数）を押さえておくための材料・道具は考慮に入れていますか？	
従属変数（結果変数）を押さえておくための材料・道具は考慮に入れていますか？	
交絡変数などを事前に押さえておくための材料・道具は考慮に入れていますか？	
借りる手続きが必要なもの（教室，実験用具など）は考慮に入れていますか？	
事前に大量の印刷が必要なもの（質問紙など）は考慮に入れていますか？	
「材料・道具」ではないものの，研究にとって必要な「人的資源」は考慮に入れていますか？　実験機器の操作や資料の配布を手伝ってくれる人がいますか？	

この作業をする中で，自分では判断が難しくて，ゼミの先輩や教員に聞く必要があると思うことがあれば，それも忘れないようにメモしておきましょう。

4-3はこれで終了です。終了日時を書き込みましょう。

4-4 必要な書類を準備しよう

開始日時（　　　　　）終了日時（　　　　　）かかった時間数（　　日　　　時間）

① 研究のための材料・道具以外にも

4-3で整理した研究に必要な材料・道具以外に準備すべきものには，何があるでしょうか。

忘れがちなのは，調査や実験に協力してくれる参加者への説明文書です。あなたの調査・実験では，事前にどのような説明が必要でしょうか。たとえ，口頭のみで説明を行う場合でも，説明のための文書を用意しておきましょう。

また調査や実験の終了後に，どのような説明が必要でしょうか。その調査や実験がどのような目的で行われたのか結果が知りたい場合の連絡先はどこでしょうか。もしも調査や実験に参加して不快な気分になったら，どこに申し出ればよいのでしょうか。

皆さんが調査や実験の協力者となった場面を想像してみましょう。自分が調査に回答したり，実験に参加したりしたとき，事前にどのような説明があれば気持ちよく協力することができ，事後にどのような説明があれば協力して良かったと思えるでしょうか。

② 研究を進めるための書類

研究を進めるにあたり，次の書類が必要かどうかについて，判断をしてみましょう。

倫理審査のために提出する書類（倫理審査申請書など）　　　　（　必要　・　不要　）

倫理審査が必要かどうかは大学によって異なります。もし倫理審査が必要であれば，倫理審査規定や教員の指示に従って，書類の準備をしましょう。特に倫理審査の規定がない場合でも，4-2の研究倫理に従う必要があることを忘れないようにしてください。

調査・実験・面接・観察の場所を確保するための書類（協力依頼書，実験室使用願など）
（　必要　・　不要　）

あなたが所属している大学で，実験や面接を行うための実験室を使用する際に，何らかの書類が必要であれば，まずそれを確認しましょう。また，授業で調査をさせてもらう場合には，その授業の担当教員に研究の概要と調査の内容を知ってもらうための書類を準備しておくことが大切です。どこか教室以外の場所（キャンパス，店内，公園など）で観察をする場合には，どこに許可を得るべきなのか，またどのような書類を用意すべきなのかについて，教員の指示を仰ぎましょう。これらの研究をするために必要な書類については，自分の研究内容に応じて準備を進めましょう。

調査・実験・面接・観察に参加してくれる人を募るための書類　　（　必要　・　不要　）

例えば，ある教室やグループに出向いて，参加してくれる人を募るために，研究の内容

を簡単に説明することがあります。また，どういう人を探しているかということを書いたビラを準備することもあります。このような依頼・募集の手続きが必要な場合には，どこの掲示板を使えるのか，どの教室・グループに出向くのかなどの情報を集めましょう。

調査・実験・面接・観察の前に参加者に見せる書類（調査説明書，参加同意書など）
（　必要　・　不要　）

　参加者が調査や実験，面接や観察に参加したとき，最初にどのような説明をするでしょうか。どこまで研究の目的を伝え，得たデータをどのように分析したり保存したりすると約束するのがよいでしょうか。また，参加への同意を得るための書面上の確認内容と，同意を得たという証明についてはどうでしょうか。そういった手続きや同意の証明が必要な場合には，調査や実験に参加する前に手渡す書類が必要になります。

調査・実験・面接・観察の終了後に参加者に見せる書類（協力に対するお礼，研究概要説明書など）
（　必要　・　不要　）

　このような書類を用いるなどして行う事後説明をデブリーフィングと言います。研究する者には研究を説明する責任がありますので，この書類は必ず用意しましょう。あなたの研究内容がどのようなものであるのかの概要を説明し，研究に参加してデータを得たことにどのような意味があり，今後そのデータをどうするつもりでいるのか，そしてどのような結果を予想しているのかを説明しましょう。そして，もしも調査や実験に疑問や不服がある場合，また，より詳しいことを後で知りたくなった場合には，どこに連絡すればよいのかも伝えておきましょう。

③　書類を準備する

　では，あなたが必要とする書類を作成しましょう。特定の書類フォーマットがある場合はそれを使用します。特にフォーマットがない場合には，タイトル，日付，書類の作成者，連絡先がわかるように気をつけましょう（インターネットを検索したり，ゼミのメンバーや先輩と情報交換したりすることで，もしかすると，参考にできる書類が見つかるかもしれません）。

　4-4はこれで終了です。終了日時を書き込みましょう。

4-5 データを集める準備をしよう

開始日時（　　　　　）終了日時（　　　　　）かかった時間数（　　日　　　時間）

① 材料・道具を整理

調査や実験，面接，観察など，実際にデータを得る作業に進むために，具体的な準備を進めていきましょう。次の内容に関連する材料・道具について，あなたの研究で必要なものを記入しましょう。不要な部分は空欄で構いません。

◆必要な書類についてまとめましょう。

内容	チェック	メモ
場所の確保		
研究倫理関連		
参加者以外への協力依頼		
参加者の依頼・募集		
参加者への事前説明		
参加の同意確認		
参加後の説明・デブリーフィング		
その他		

◆必要な材料・道具についてまとめましょう。

内容	チェック	メモ
PC等		
ソフトウェア等		
机・椅子等		
記録冊子・調査用紙等		
筆記用具・記録機器等		
謝礼等		
その他必要な材料・道具		

② 手順とセリフを考える

調査や実験が始まってから，どのような手順でデータ収集を進めるかイメージトレーニングをすることが大切です。参加者と出会ったところを想像して，まず何をするか，何を話すかを考えながら，文書をつくっていきましょう。

	手順とセリフ
1	最初にすること 最初の挨拶に引き続いて話す内容をまとめましたか　（はい・いいえ）
2	参加者への主旨説明 説明のために話す内容をまとめましたか　（はい・いいえ）
3	作業内容の説明 調査や実験の内容に関して事前に話す内容をまとめましたか　（はい・いいえ）
4	注意事項等 調査や実験に関して気をつける内容をまとめましたか　（はい・いいえ）
5	作業中 調査中や実験中の教示および注意点をまとめましたか　（はい・いいえ）
6	作業後 終了後にデブリーフィングとして話す内容をまとめましたか　（はい・いいえ）

③ 準備をしよう

まとめた表を見ながら，準備を進めましょう。それぞれの準備ができたら，その都度，この表に記入していきましょう。準備をする中で気づいたことがあれば記録し，足りないものがあれば適宜追加していきましょう。

④ 準備したものを他の人に見てもらおう

最後に，自分がこれまでに準備してきたものをゼミのメンバーや教員に見てもらいましょう。他の人に見てもらうことで，自分では見落としていた点に気づくことができます。また，"これ以上詳しく説明しなくてもわかるだろう"と自分で思っていた点も，他の人に読んでもらうと，案外，わかりにくいことがあるという点にも気づくかもしれません。他の人からもらったフィードバックを参考にして，書類を編集して，徐々に最終的な形へとまとめていきましょう。

4-5はこれで終了です。終了日時を書き込みましょう。

4-6 海外の研究で使われている同意書を見てみよう

開始日時（　　　　　）終了日時（　　　　　）かかった時間数（　　日　　時間）

① アメリカで一般的に使われている同意書を見てみよう

　人や動物を対象とする研究の倫理審査の内容やプロセスは，大学間でも異なりますが，各国によっても異なります。そして，研究参加者に配られる同意書もまた，各国で違いがあります。日本でデータを集め，日本の大学で卒業論文を完成させるのだから他の国のことは関係ないと思うかもしれません。しかし，日本でも外国でも，人や動物を対象として研究を行うという点では同じです。ここではアメリカの大学で使われている「大学生を対象とした調査研究」の場合の同意書を紹介します。それぞれの項目について，自分の研究で必要かどうか判断していきましょう。

② 同意書の構成について知り，自分の研究にいかせるかチェックしていこう

　では，同意書に含まれている項目について整理します。自分の研究でこれらの内容が必要かどうか，必要な場合にはその内容が既に押さえられているかチェックしましょう。

項目	具体的な内容	チェック
自己紹介	自分の所属，名前，教員の名前	
同意書の目的	そもそも同意書がなぜ必要かについての説明	
研究の目的	研究の目的をわかりやすく説明	
参加資格	年齢（何歳以上）など基準があるかどうか説明	
実施場所	研究が行われる場所（複数ある場合にはすべて明記）	
調査・実験内容	具体的にどのようなことを聞くのかあらかじめ説明	
所要時間	調査や実験に必要な時間あるいは期間について	
協力者の人数	全体で何人くらいの人の参加を見込んでいるのか	
リスクの有無	この調査や実験に参加することで，何か不愉快に感じる可能性やリスクがあるのかどうかについて	
緊急時の連絡先	仮に気分が悪くなったりストレスを感じたりした場合にはどこに問い合わせればいいのかについて	
参加した場合の恩恵の有無	参加することで，何か得することがあるのかどうか（授業で出席点になったりするのかどうか）	
参加しない場合のリスクの有無	参加を拒否した場合，何か損することがあるのかどうか（授業が欠席扱いになったりするのかどうか）	

【ステージ4】データを集める準備をしよう

謝礼の有無	謝礼があるか，あるいは完全ボランティアか	
間接的な恩恵	この研究に参加することで，科学や研究全体がどのように進むのか，どのように貢献することになるのか	
守秘義務	守秘義務を守るためにどのような手順を踏むか（アンケート用紙に学籍番号や氏名，誕生日など，個人情報を書く欄があるかどうかなど）	
守秘義務の例外	守秘義務に例外がある可能性について説明（アンケート用紙に，通告義務が生じるような法律違反に関する内容が書かれた場合など）	
研究者の権利	調査や実験が始まっても，思いがけないことによって中断する可能性があり，その最終判断は研究者に任せられるということの説明（実験中に妨害があるなど）	
データにアクセスできる人	録音された内容，あるいはアンケート用紙に書かれた内容にアクセスできる人全員の名前（研究を実施する人，教員，データ入力を手伝ってくれる人など）	
データの保管先と期間	録音されたテープ，アンケート用紙などをどの建物のどのキャビネットに保存しておくか，鍵つきかどうか，保存期間はどれくらいかなどについて	
データの保存先	録音された内容やアンケート結果をどのPCに保存するのか（大学のPCか，研究者の私物のPCかなど）	
ハッキング対策	PCに保存した情報がハッキングにあわないようにどのような対策が取られているか	
研究結果の発表	得られたデータをもとに分析した結果がどのような形で発表されるのか（本になって誰もが見ることができるのか，学会等で発表されるのかなど）	
理解の確認	以上の内容を理解できたかどうか，解消されていない疑問があるかどうかについての確認	
研究者の連絡先	この同意書をつくった人，すなわち研究を実施する自分の連絡先（メールアドレスや電話番号）	
サイン	すべてに同意したらサインしてもらうための欄	

　4-6はこれで終了です。ステージ4のゴールはすぐそこです。終了日時を書き込みましょう。

4-7 予備調査・予備実験をしよう

開始日時（　　　　　）終了日時（　　　　　）かかった時間数（　　日　　　時間）

① 予備調査・予備実験の重要性

　準備が整ってきましたね。調査や実験，面接や観察をすぐに始めたいと思うかもしれませんが，少し待ってください。まずは身近な人に依頼して準備した手順を試してみましょう。これを予備調査・予備実験と言います。

　なぜ予備調査・予備実験が大切なのでしょうか。第一に，調査や実験実施の手順に慣れるためです。イメージをしながら準備してきたとはいえ，いきなりデータ収集の本番に入ってしまうと，慣れない状況で説明しますので，調査・実験実施者の緊張が参加者に伝わったり，不十分な説明となったりする可能性があります（観察者効果と言います）。また，例えば幼い子どもたちを対象に観察を行うような場合には，何度もそのフィールドに出向いて関係を築いておくことで，観察者効果の影響を抑えることが期待できます。

　第二に，調査や実験手順に問題がないかどうかを確認するためです。手順を確認して，問題が生じた場合には改善しましょう。参加者を不快にさせたり，困惑させたりすることがないよう，手順には十分気をつけましょう。

　第三に，調査や実験に使用する材料がちゃんと機能するかどうかを確認するためです。例えば調査の場合，数名〜10名程度に予備調査をして，教示文の内容や質問項目がこちらの意図どおり理解してもらえたか確認しておきましょう。そして，簡単な分析をしてみましょう。使用した質問項目への回答の得点分布を確認し，平均値と標準偏差，また相関係数を算出してみると，このまま参加者を増やしていったときにこの質問項目を使ってうまくデータを得ることができそうか，おおまかな予想ができるはずです。実験の場合には，実験操作がうまくいっているかどうか，面接の場合には事前に用意した質問内容が適切でちゃんと相手の回答を引き出すことができているかどうか，観察の場合にはチェックリストや録音・録画機材がうまく動いているかどうかなど，確認すべきポイントは数多くあるでしょう。

　準備をしっかりしておくことに越したことはありません。予備調査を行って手順や材料を改善し，再度予備調査を行うなど，データ収集の本番に向けて入念に準備を進めましょう。

② 予備調査をしよう

　さあ，予備調査をしてみましょう。

　もしも大学のゼミに所属しているのであれば，周囲の仲間に予備調査を手伝ってもらうのがよいでしょう。乳幼児を対象としたり，特殊な場面における人々を対象としたりするような場合には，予備調査をすること自体が難しいことがあるかもしれません。そのような場合でも，例えば使用する道具を仲間に見てもらってチェックするなど，データ収集本

【ステージ４】データを集める準備をしよう

番前の確認は何らかの形でできるのではないでしょうか。

◆どのような形式で予備調査・予備実験をしますか？ 簡単に計画を記入してみましょう。

```
┌─────────────────────────────────────────────┐
│                                             │
│                                             │
│                                             │
│                                             │
│                                             │
└─────────────────────────────────────────────┘
```

◆予備調査・予備実験によって判明した問題点は何でしょうか。また，その改善をするためにはどのようなことをすればよいでしょうか。記入してみましょう。

問題点	改善方法

　問題点を改善したら，時間の許す限りもう一度，予備調査・予備実験を行ってみましょう。うまく問題点は改善されたでしょうか。

　4-7はこれで終了です。ステージ４がすべて終了しました。ステージ５ではいよいよ実際にデータを取ることになりますので，ここで必要な道具の準備を終えておきましょう。印刷が必要なものがあればそれも終えておきましょう。では終了日時を書き込みましょう。

MEMO

【ステージ5】
データを集めよう

stage 5

　いよいよデータを集める段階になりました。十分に準備ができていることを確認して，データを集め始めましょう（5-1）。しかし，データを集めている間，ただ待っているだけでは，時間がもったいないですよね。そこで，このステージ5ではデータを集めながら，分析の準備をしていきましょう。まず，データを集めた後で，どういった分析作業を行うのかを考えます。PCのどのソフトウェアを使うかもここで決定しましょう（5-2）。ソフトウェアや分析方法が決まったら，その解説が書かれているマニュアル本を探してみましょう（5-3）。また，ウェブサイトにも使い方の情報が掲載されているはずですので，検索してみましょう（5-4）。これらの情報を手に入れたら，データ収集後すぐに分析に取りかかれるよう，分析の練習をして，ソフトウェアの操作に慣れておきましょう（5-5）。また，これまでにレビューした論文で，データの分析がどのようになされているか，日本語の論文や英語の論文をチェックして，参考になるものを書き留めておきましょう（5-6）。ステージ5の最後では，集めたデータを入力して，本格的な分析に入る下準備として，記述統計に関する簡単な確認作業を行いましょう（5-7）。

　では，所要時間の目安を参考にしながら予定を記入し，ページをめくって始めましょう。

	ステージ5の7つのステップ	所要時間（目安）	予定	チェック
5-1	データを集め始めよう	1時間		
5-2	分析の手順を思い浮かべながら，どのソフトウェアを使うかを決めよう	1時間		
5-3	分析方法のマニュアル本を見てみよう	3〜6時間		
5-4	分析方法が書かれたウェブサイトを探そう	4時間		
5-5	ソフトウェアを操作してみよう	4時間		
5-6	論文に書かれているデータ分析の手順に関する記述を見てみよう	2時間		
5-7	ステージ5のゴール：集めたデータを確認しよう	2〜5時間		

5-1 データを集め始めよう

開始日時（　　　　　）終了日時（　　　　　）かかった時間数（　　　日　　　時間）

① データ収集のスタート

ついに、データを集め始める段階になりましたね。ステージ4までに立てた計画に従って、データを集め始めましょう。

調査、実験、面接、観察いずれについても、順を追ってデータを集めていってください。

	最終確認事項	チェック
1	リサーチクエスチョンに答えを出すために必要な情報や変数がすべて網羅されていますか？	
2	予備調査・予備実験などを経て、倫理的にも問題ないことを確認しましたか？	
3	データを集める場所を確保しましたか？	
4	データを集める道具はすべて準備しましたか？	
5	説明内容や同意書等の付属書類を準備しましたか？	
6	説明のための道具その他必要なものを準備しましたか？	
7	データを集め終わったところをイメージしたとき、研究目的にふさわしい情報がすべて得られていそうですか？	
8	教員あるいは大学の倫理委員会などから、データ収集にあたって必要な許可は得ていますか？	

準備ができたら、データ収集を始めていきましょう。

② 途中経過を確認しよう

データを集め始めたら、途中経過を確認しましょう。

調査の場合には、調査中に調査参加者から個別の質問があるかどうか、周囲を見回したり、周りの人と相談したりしているような場面が見られるかどうかに注意を向けましょう。そのような場面を目にしたら、調査参加者の質問に答えるなどの対応をしましょう。また、調査を数回にわたって行う場合には、毎回の調査の後に回収した質問紙の回答をチェックし、問題が見つかれば改善策を考えましょう。大きな問題が見つかった場合には、再調査することもありえます。適宜、教員に相談するようにしましょう。

実験の場合、毎回の実験の中で気づいたことがあれば記録し、問題を見つけた場合には対応できる準備を整えておきましょう。大幅な手順の変更が必要となる場合には、教員に相談しましょう。

面接や観察の場合も同様です。データ収集の途中で気づいたことがある場合には、以下のメモに記載し、対応方法を整理しましょう。

【ステージ5】データを集めよう

気づいたこと	対応は必要か	対応が必要な場合の方法
	必要　　不要	
	必要　　不要	
	必要　　不要	
	必要　　不要	
	必要　　不要	

　5-1はこれで終了です。終了日時を書き込みましょう。データを取り終わっている必要はありません。5-2以後は，データを取っている間にできることを進めていきますので，ここでは，データを集め始めることを目的としてください。

5-2 分析の手順を思い浮かべながら，どのソフトウェアを使うかを決めよう

開始日時（　　　　　）終了日時（　　　　　）かかった時間数（　　日　　　時間）

① データを集めながら

データは順調に集まっているでしょうか。これ以後のいくつかのステップでは，データを集めている間に，データを収集後どのように分析していくかを考えておきましょう。

まずこのステップでは，分析の手順をシミュレーションしつつ，分析に使用する道具を考えてみたいと思います。データを取った後，何を最初に知りたいでしょうか？

知りたい内容	それを知るために必要な道具
（例）合計で何人の人が最終的に参加したかを知りたい	特になし
（例）参加した人の平均年齢をチェックしたい	統計処理ソフトウェア，電卓，SPSS

あなたは，これらの知りたい内容を検討するために，具体的にはどこで分析を行うでしょうか。大学の PC 室ですか？研究室ですか？自宅ですか？

分析を行う場所は？

それぞれの場所には，どのような PC が設置されていて，その PC には，どのような統計処理ソフトウェアがインストールされているでしょうか。調べて，そのソフトウェア名を記入しましょう。

インストールされている統計処理ソフトウェアは何ですか？ （例）Microsoft Excel

◆このソフトウェアは，あなたがこれまでに統計学や実習の授業等で使ったものですか？
（　はい　・　いいえ　）

もしも使い慣れたソフトウェアで分析を行う場合や，データの分析にあたって PC を使わない場合には，これ以降の内容を飛ばしても構いません。本書では，PC およびソフトウェアを使ってデータ分析することを前提としますが，必ず使わなければいけないわけではありませんので，教員とよく相談してください。

② 統計処理ソフトウェア

統計処理を専門に行うソフトウェアには，いくつかの種類があります。代表的なものを紹介します。

ソフトウェア名 （会社名・開発者名）	概要
Microsoft Excel （マイクロソフト）	表計算ソフトウェア（スプレッドシート）。データ入力に使用することも多い。数式を入力することで統計処理について実行することも可能。後述のHADのようにExcelに機能を追加する形式の統計処理ソフトウェアもある。　【有料】
IBM SPSS Statistics （IBM）	統計処理ソフトウェアとして大学や企業のPCにインストールされていることが多い。メニューを選んで分析作業を進めることができるが，スクリプト（シンタックス）を記述して分析することもできる。　【有料】
SAS / JMP （SAS Institute Japan）	SPSSと並んで大学や企業でよく使用されるライセンス制の統計処理ソフトウェア。デスクトップPCやノートPCにインストールできる形式のJMPというソフトウェアもある。　【有料・無料】
Stata （Stata Corp）	経済学や社会学，医療関係の分野でよく用いられているソフトウェア。　【有料】
S-PLUS （NTTデータ数理システム）	統計処理向けプログラミング言語であるS言語を用いるソフトウェア。　【有料】
Mplus （Muthén & Muthén）	近年注目されている，高機能な統計ソフトウェア。 https://www.statmodel.com　【有料】
R （R Development Core Team）	統計処理向けプログラミング言語であるR言語を用いるソフトウェア。オープンソースのソフトウェアであり，日本語にも対応している。　【無料】
Js-STAR （田中敏・Nappa）	ウェブサイト上でも，ダウンロードしても使用可能な無料の統計処理ソフトウェア。　【無料】 http://www.kisnet.or.jp/nappa/software/star/index.htm
HAD （清水裕士）	Excel上で動作可能な無料のソフトウェア。マルチレベル分析や構造方程式モデルなど，心理学で用いられる高度な分析にも対応している。　【無料】 http://norimune.net/had

データを集め終わったとき，どのPCでどのソフトを使って分析するか大体の目処がつきましたか。ここで紹介しているように無料の統計処理ソフトウェアもありますので，情報を集めてみましょう。またこれらに加えて，構造方程式モデリング（共分散構造分析）に特化したソフトウェア（Amos, M-plus, LISRELなど）もあります。必要に応じて情報を探してみてください。

5-2はこれで終了です。終了日時を書き込みましょう。

5-3 分析方法のマニュアル本を見てみよう

開始日時（　　　　　）終了日時（　　　　　）かかった時間数（　　日　　　時間）

① マニュアル本を手に入れよう

　以下では，データの分析にあたってPCのソフトウェアを使うと想定して進めていきます。使う統計処理ソフトウェアが決まったら，マニュアル本を手に入れましょう。近年はインターネット上にも詳しい情報が記載されていますが，書籍にはひと通りの情報をコンパクトに手順を追ってまとめてあるというメリットがあります。また，ある情報の周辺の情報をざっと見回したり，パラパラとページをめくりながら情報を探したりするには，ウェブページよりも紙に印刷された書籍の方が向いている場合もあります。

　統計処理は卒業論文の完成にあたって必要な技術です。これまでに履修した授業の中で，統計処理に関するテキストを購入している場合にはそれも手元に準備しましょう。

② マニュアル本

　あなたが分析に使う統計処理ソフトウェアは，何に決まったでしょうか。

ソフトウェア名

　では，このソフトウェアのマニュアル本を探してみましょう。

　インターネットを開いて，あなたが使用するソフトウェア名を検索窓に入力してみると，多くの場合，複数の本が見つかると思います。なぜたくさんの本があるかと言うと，それぞれのソフトウェアで実施できる統計処理の数が膨大にあり，とても一冊ではそのすべてを網羅することができないからです。つまり，統計処理の種類や内容によってどの本を準備すべきかが変わってくるのです。ここで再びリサーチクエスチョンと自分の研究の目的を見直し，データを取って，自分がそもそも何を知りたいと思っているのか確認しておきましょう。

分析したい具体的な内容	チェックしたい内容	試したい分析方法
（例）いじめの被害者，傍観者，加害者という役割の違いによってストレス度合いが異なるかどうかをみたい	3つのグループ間に差があるかどうか	1要因分散分析（従属変数はストレス度合い）

【ステージ5】データを集めよう

　データを取った後に行うと予想される分析のすべてをなるべく網羅しておきましょう。そして，マニュアル本を購入する際にはここにまとめたデータ分析の方法が記載されているものを選ぶようにするとよいでしょう。

◆目次等もチェックした結果，あなたが使用する統計処理ソフトウェアのマニュアル本の中で，自分が使う分析に関連していそうなものを5冊まで挙げてみましょう。

著者名	タイトル	発行年・メモ

　この中で1冊，最も参考になりそうな書籍を選んでみましょう。できれば出版年が新しいものの方が望ましいのですが，古い本の中にも名書と呼ばれるものはたくさんあります。ただし，ソフトウェアも年々バージョンが上がっていきますので，自分が使用するソフトウェアのバージョンを確認しておくことも重要です。

　また，先にチェックしたように，さまざまな書籍の中には，あなたが予定している分析手法について記載されていないものがあるかもしれません。特に，実験で用いる統計手法（分散分析など）を中心に書かれた本なのか，調査で用いる統計手法（因子分析や重回帰分析などの多変量解析）を中心に書かれた本なのか，内容を今一度よく見てください。

あなたが選んだ書籍は？

　もしも迷ったときは……ひとりで悩むのではなく，教員や大学院生，先輩に尋ねるようにしましょう。そして，めあての書籍が図書館等に入っている場合には，中を十分検討しましょう。ただし，これらのステップを経ても，検索結果に何も出てこない場合には，あまり気にせず，次のステップに進んでください。統計処理ソフトウェアの中には，使い方を説明した書籍が刊行されていないものがあるかもしれません。

　5-3はこれで終了です。終了日時を書き込みましょう。

5-4 分析方法が書かれたウェブサイトを探そう

開始日時（　　　　　）終了日時（　　　　　）かかった時間数（　　　日　　　時間）

① インターネット上の統計解説

　インターネット上の統計に関する解説記事は，日に日に増えています。統計学の専門家や大学教員などが個人で立ち上げているウェブサイトもあれば，それぞれのソフトウェアを出版している会社が「ヘルプ」や「Q & A」などの形で顧客に向けて無料で提供しているウェブサイトもあります。あなたが使用する予定のソフトウェアに関する解説も，きっと検索サイトを通じて見つけることができるでしょう。

　もしもうまく見つけることができないのであれば，英語で書かれたウェブサイトを検索してみてはどうでしょうか。英語で検索すると，例えばYouTubeでは，ある分析方法の操作手順と解説を収めた動画を多数見つけることができます。実際に操作している様子（例えば，この部分をまずクリックして，この箱に変数をドラッグ・アンド・ドロップして，この部分に必要な情報を入力して，といった具体的な手順）を見れば，文字で解説されるよりも手順がわかりやすいかもしれません。

◆あなたが使用する統計処理ソフトウェアの使用方法に関する情報をインターネットで探しましょう。

サイト名・URL	メモ
（例）https://www.youtube.com/watch?v=Ekbkl7x6bNA など動画のURL	統計のテキストを書いている著者（Andy Field）による，SPSSでt検定を行うためのステップを示しているYouTubeビデオ

② 注意点

インターネット上の情報を参考にする場合には，いくつかの注意点を押さえておく必要があります。

1. 正しさの保証……インターネット上の情報は無料です。その反面，誰でもチェックなしに情報を掲載することもできますので，その内容が本当に正しいと言えるかどうかの保証はありません。アクセスしている情報の正しさに自信が持てない場合には，最初はソフトウェアを出版している出版社のページやテキストに付属しているウェブサイト等から参考にし始めるとよいでしょう。
2. 削除・変更の自由……インターネット上の情報は，予告なしに改変・削除されることがあります。また，情報の更新がされないまま，長い期間が経過していることもあります。情報が最後に更新された日付がいつかを確認する癖をつけましょう。
3. 周辺の情報……インターネット上の情報は，適切に検索することですばやく容易に手に入れることができます。その一方で，その内容に関連があって何かのヒントになるかもしれないような周辺情報については，なかなか目に入ってこない傾向があります。

③ 情報を見比べる

複数の情報を見つけたら，比較してみることが大切です。例えばあるウェブサイトに「この統計手法はこの手順で行わないといけない」と書いてあったとしても，それが「その手順以外が絶対に間違い」であることを意味するわけではない場合があります。もちろん，書籍の情報がすべて正しいとも限りません。書籍に記載されている情報の中にも，間違っていたり，極端なことが書かれていたりすることがあります。

重要なことは，「情報を見比べて検討する」ことです。あるテーマについて書かれた情報を複数見つけて，相互に比べてみましょう。もしかしたら，同じテーマなのに違うことが書いてあるかもしれません。そのようなケースに出会った場合には，さらに他の情報を探すか，そのテーマに詳しい人（教員，先輩，大学院生など）に尋ねてみましょう。

◆複数のウェブサイト，複数の書籍に書かれた情報を比較してみましょう。比較して気づいたことをメモしてみましょう。

```
<メモ>



```

5-4はこれで終了です。終了日時を書き込みましょう。

5-5 ソフトウェアを操作してみよう

開始日時（　　　　　）終了日時（　　　　　）かかった時間数（　　日　　　時間）

① 操作してみる

データは順調に集まっていますか？データを集め終わったらすぐに分析にとりかかれるよう，統計処理ソフトウェアになるべく慣れておきましょう。慣れるには，書籍やインターネットの情報を読むだけでは不十分で，実際に操作をしてみるのが一番です。

書籍やウェブサイトの解説には，分析の例が載っているはずです。その分析例を見ながら，あるいは自分で仮のデータをつくってみて実際にソフトウェアを操作してみましょう。

② データを入力してみる

まず気をつけるポイントは，データの入力方法です。オンライン調査の場合には，データは自動的に PC に保存されるでしょうし，実験内容によってはデータが自動的に PC に保存される場合が多くあるでしょう。けれども紙と鉛筆を使った調査や面接を行った場合には，質問紙や面接記録用紙に記入されたデータを PC に取り込まなければいけません。その際，データを Excel に入力するのか，テキストエディタに入力していくのか，SPSS などの統計処理ソフトウェアに直接入力するのか，またどのようなフォーマットで入力していけばよいのかを考えておきましょう。

ではさっそくこのようなことに注意しながら，架空の 1 人め（あなた自身が回答者となってもよいです）のデータセットをつくってみましょう。架空（あるいは既にデータがある場合には実際）の 1 人めのデータを入力しましょう。以下に示したのは例です。

ID	Age	Gender	Q1	Q2	Q3	Q4
0 (imaginary participant)	22	F	4	2	5	1

次に，入力したデータの操作に慣れておきましょう。例えば以下のような操作はどのようにすればよいでしょうか。マニュアルを見ながらデータの操作をしてみましょう。

1. 複数の変数の合計得点を算出する。（上の例であれば Q1+Q2+Q3+Q4）
2. 特定のグループのみ分析する。
    （例）Q1 に 4 と回答した人のみ分析する。年齢が 20 歳以上の人のみ分析する。
3. ある変数でグループ分けをする。
    （例）ある得点が平均値以上のグループと平均値以下のグループをつくる。

③ 基本統計量を算出してみる

リサーチクエスチョンに答えを出すため，どのような分析を行うにしても，基本統計量

とグラフは出力できるようにしておきましょう。それは，統計的な分析を行うための下準備として絶対に必要なステップです。では，次の基本統計量は，どのような操作で算出できるでしょうか。自分の手元にある仮のデータで練習しておきましょう。

1. 平均，中央値，最頻値
2. 最大値，最小値
3. 得点範囲，分散，標準偏差
4. 尖度，歪度

次はグラフの描き方を押さえておきましょう。どのような操作で描くことができるでしょうか。そしてこれらのグラフを描くことによって何を読み取ることができるか，統計の授業で勉強したことなどをおさらいしておきましょう。

1. 棒グラフ
2. ヒストグラム
3. 散布図
4. その他（折れ線グラフ，帯グラフ）

④　分析してみる

あなたは自分の研究でどのような分析をするか，おおよその目処は立っているでしょうか。もし分析方法が決まっているのであれば，その方法を練習しましょう。

また，できれば実際にひと通りの分析を体験しておくことにも意味があります。もしかしたら，リサーチクエスチョンと直接関連していなくても実は自分の研究に応用できる，という分析手法が見つかるかもしれません。また，「この分析をやってみよう」と関心を持つことも大切です。ぜひ，学んだ分析方法を自分の研究に応用してみましょう。

◆あなたが練習した分析方法を記録しましょう。

分析方法	概要・メモ・注意点
（例）t 検定（対応なし）	実験群対統制群など異なる2群の平均値の差を検定する。2群の分散が等しいかを確認した後で t 値を確認。

5-5はこれで終了です。終了日時を書き込みましょう。

5-6 論文に書かれているデータ分析の手順に関する記述を見てみよう

開始日時（　　　　）終了日時（　　　　）かかった時間数（　　日　　時間）

① 先行研究を見て，どのような分析が使われているかチェックしよう

卒業論文のテーマとして設定したリサーチクエスチョンへの答えを導くために，集めたデータを使って分析する必要がありますが，どの分析が必要かをどう決めたらよいのでしょうか。

第一のやり方は，これまでにレビューしてきた論文の中で使われている分析を整理し，(1) 自分が集めているデータでその分析ができそうかどうか，(2) 自分が設定したリサーチクエスチョンに関係しているかどうかを判断することです。やってみましょう。

レビューした文献	使われている分析	その目的	(1)	(2)
（例） △△（2014）	2要因分散分析	交互作用の検討	○	×

② 英語の論文を見て，どのような分析が使われているかチェックしよう

では，次に英語の論文で同じことをやってみましょう。そのためには，代表的な統計用語が英語でどのように表現されるかを調べて基礎知識を身につけておきましょう。

（例）帰無仮説棄却	Rejecting null hypothesis	t 検定	
χ^2 検定		分散分析	
正規分布		多重比較	
標準偏差		因子分析	
有意である		相関係数	
重回帰分析		区間推定	

レビューした文献	使われている分析	その目的	(1)	(2)
（例） □□（2012）	階層的重回帰分析	モデルの検討	×	○

【ステージ5】データを集めよう

③ 先行研究を見て，分析の手順がどのように記述されているかチェックしよう

先行研究をレビューしてわかるように，1種類のみの統計的分析を行っている論文ばかりではありません。多くの論文では，複数の分析を行うことによってリサーチクエスチョンに答えを出しています。分析のパターンを勉強してみましょう。

1．論文の中に「分析手順（Statistical Analyses）」という項目がある場合

手元にある論文の「方法」の部分を見てください。そこに分析手順に関する項目があればそれを参考にして，その論文ではどのような分析が行われているか見てみましょう。

	（　　　　　）論文	（　　　　　）論文	（例）○○論文
最初の分析			因子分析
2番めの分析			信頼性分析
3番めの分析			相関係数
4番めの分析			重回帰分析

2．論文の中に「分析手順（Statistical Analyses）」という項目がない場合

手元にある論文の「方法」の部分に分析手順に関する項目がない場合には，論文の結果のところを見ながら，どのような分析が行われているか順番にチェックしてみましょう。

	（　　　　　）論文	（　　　　　）論文	（例）○○論文
最初の分析			基本統計量
2番めの分析			1要因分散分析
3番めの分析			共分散分析
4番めの分析			なし

④ 自分の論文で使うことになりそうな分析に関して，どのような数値が論文の中に含められているかチェックしよう

いくつかの論文を見比べることで，どの分析がどの論文の中で使われているか整理できたでしょうか。最後に，自分がつくったまとめの表を参考にして，卒業論文で使うことになりそうな分析を1つ選び，それに関連してどのような数値が論文の中に含められているか抜き出しておきましょう。

（例）相関	相関係数（r），有意検定（p）

5-6はこれで終了です。ステージ5のゴールが見えてきました。終了日時を書き込みましょう。

5-7 集めたデータを確認しよう

開始日時（　　　　　）終了日時（　　　　　）かかった時間数（　　日　　　時間）

① 入力する前にデータを確認しよう

　データを集めた後，PC に入力が必要なデータの場合には，すぐに入力するのではなく，記録されたデータをざっと確認しましょう。調査を行った場合には，回収した調査用紙に通し番号を記入します。面接や観察を行った場合にも，記録用紙に通し番号を記入しておきましょう。その通し番号も調査参加者 ID というデータとして入力することで，後で調査用紙の内容と PC に入力された内容を見比べることができます。

　実験の場合には，データはどこに記録されているでしょうか。刺激に対する反応パターンや反応時間が PC に記録されている場合には，そのデータを分析できる形式に整理しなおして再入力が必要なものもあれば，研究者による入力が不要な場合もあります。

② データの入力と入力内容の確認をしよう

　では，データを入力していきます。入力ミスのないように注意しましょう。欠損値（回答がないデータの部分）がある場合には，何も入力しないのではなく，999 など何か数字を指定して入力しておきましょう。また何か書いてあるけれど読めない場合は 888 などの数字を入力するとよいでしょう。このように，入力コードを決めて，コードマニュアルをつくっておくとよいでしょう。そのように指定したデータは後で欠損値として処理することが可能です。欠損値であっても入力した方がよい理由は，研究者がうっかり飛ばして入力したのか，回答者が無記入だったのかをはっきりさせるためです。ただし，データの入力の仕方は，研究者によっても異なりますので，臨機応変に対応しましょう。

　入力し終わったら，確認作業をします。例えば，1 名がデータを読み上げ，もう 1 名が PC のスクリーン上の数字をチェックするというやり方があります。周囲にお願いできる人がいるのであれば，確認作業を手伝ってもらいましょう。

◆データ入力の確認作業を行いましょう。
　作業を手伝ってくれる人はいますか？　　　　　　　　　（　はい　・　いいえ　）

◆読み上げ形式で入力されたデータの確認を行ってください。

③ 基本統計量を確認しよう

　次に，入力したデータの基本統計量を算出することで，入力ミスやおかしなデータが混在していないことを確認しましょう。最初に，欠損値の処理をしましょう。たいていの統計処理ソフトウェアでは，欠損値としてどの数値を指定したか入力できる場所があるはず

です。そこに 999, 888 などの数値を入力しましょう。

では,それぞれの変数に関して最大値と最小値,あるいは度数を出力してみましょう。ある質問項目への回答が1点から5点であるのに,最大値を表示したときに5点を超えていると,そのデータ入力が誤っている可能性が高くなります。上述したように,欠損値などを999といった大きな数字で入力しておくのは,基本統計量を算出した際に,すぐ気づくことができるからです。

そして,最大値と最小値に加えて,それぞれの変数の特徴をつかんでいきましょう。性別などのカテゴリカル変数の場合には,最頻値を出しましょう。尺度や項目の場合には,平均値や標準偏差を出力しましょう。

これは,これまでに練習した統計処理ソフトウェアの実践にもなります。スムーズに作業を進めることができるでしょうか。

◆各変数の基本統計量を算出しましょう。

変数名	平均値	標準偏差	最小値	最大値

(このような表を Excel などで作成し,出てきた値を確認しましょう)

ステージ5はこれで終了です。これで無事データを取り終え,入力も完成しましたね。次のステップでは,データを整理して分析を始めていきます。すぐに分析に入るのではなく,データの入力ミスや形式の誤りなどがないかどうか,もう一度確認する手続きに入ります。70ステップの半分が終わりましたね。では,終了日時を書き込みましょう。

MEMO

【ステージ6】
データを整理しよう

stage 6

　データの入力は終わりましたか？ステージ6とステージ7では，データの分析作業を進めていきます。データ入力ミスの確認は，ステージ5で既に行っていますので，ここではデータを整理するところから始めていきます（6-1）。データを分析する前に，どのような分析を行うのが適切かを判断するため，各変数の尺度水準を確認しましょう（6-2）。次に，人を対象とした調査や実験，面接，観察を行った場合には，調査対象となった人びとの基本的な情報である，人口統計学的変数（デモグラフィック変数）について確認しておくことが重要です（6-3）。このデータに基づいて，研究の対象となった人びとの情報を整理し，分析に含める最終的なサンプルを決定しましょう（6-4）。また，データを集めた手続き，経過について整理しておくことも，論文にまとめる上では不可欠な作業です（6-5）。そのような情報がどのようにまとめられているのか，日本語の論文を参考にするとともに，英語の論文も参考にしてみましょう（6-6）。ステージ6のゴールは，論文の方法部分を執筆することです。いよいよ卒業論文の執筆です。

　では，所要時間の目安を参考にしながら予定を記入し，ページをめくって始めましょう。

	ステージ6の7つのステップ	所要時間(目安)	予定	チェック
6-1	データを整理しよう	2〜3時間		
6-2	尺度水準について考えてみよう	1時間		
6-3	人口統計学的変数について考えてみよう	1時間		
6-4	参加者の情報を整理しよう	2時間		
6-5	データ収集手続きを整理しよう	4時間		
6-6	英語の論文の「方法（Method）」の部分を読んでみよう	3時間		
6-7	ステージ6のゴール：「方法」の部分を書いてみよう	3〜6時間		

6-1 データを整理しよう

開始日時（　　　　　）終了日時（　　　　　）かかった時間数（　　日　　時間）

① おかしなデータはあるか

ステージ5でデータを入力し，入力ミスの可能性については既に確認が終わっているはずですね。では，データ全体を眺めてみてください。そこに並んでいる数字を見て，何か気づくことはあるでしょうか。

② 欠損データがあるか

「999」など事前に決めた数値を無記入回答部分に入力したにもかかわらず，まだ空白のセルがある場合には，もう一度もとの質問用紙や記録用紙に戻って，なぜその部分のデータが欠損しているのかを突き止めて，すべてのセルを埋めましょう。

データが欠如している「無回答部分」に何も入力せず，そのまま空欄にした場合は，ソフトウェアによって適切な入力をしましょう。例えばSPSSの場合には，セルを空欄にしておけば欠損値として扱われます。

次に，その欠損が生じた理由を考えましょう。その欠損が，無作為（ランダム）に生じているのか，何かの条件下で生じているのかです。後者の場合は特に，調査内容が欠損に影響しているかを，質問項目を見ながらよく考える必要があります。何らかのミスや誘導によって欠損が生じている場合には，そのことを論文で報告する必要があります。

欠損データがある場合の対処方法としては，(a) そのケース（人）を分析から外す，(b) そのまま分析を続ける，(c) 欠損値を埋める，という3通りの対処方法があります。

(a) の方法をとると，たとえ1項目でも無記入の人は，以後すべての分析から排除されることになります。すべての分析において同一の対象者が分析対象となりますが，多くのデータを失う可能性もあります。(b) の方法をとると，該当箇所以外の分析では，そのケースを分析に含めることができるため，分析ごとに対象者数が変わります。例えば複数の相関係数の中に，欠損のない150名のデータから算出されたものと，欠損のある145名から算出されたものが混在するということです。(c) は，近年推奨されるようになりつつある方法です。欠損データの分析については，自分で調べてみましょう。

◆欠損データ分析（missing value analysis）で情報を探してみましょう。

見つかった内容は？

平均値を代入する，あるいは最尤法や多重代入法などデータをもとに推定する方法などが見つかりましたか？欠損値をどう処理したかは，後の分析に影響を及ぼしますので，どのようにするかここで決定し，処理方法について記録を残しておきましょう。

③ 外れ値があるか

他の値から大きく離れた値を，外れ値（outlier）といいます。この大きく外れた値のうち，何らかの原因（測定上・入力上のミス）が特定できるものは異常値といいます。異常値の場合で，かつ簡単に修正できるものは，今すぐ修正しておきましょう。

外れ値を検出するためには，いくつかの方法があります。自分で調べてみましょう。

```
見つかった方法は？



```

Zスコアを算出する，散布図を作成する，箱ひげ図を作成するなどの方法が見つかりましたか？自分のデータの中に外れ値があるかどうかを調べてみましょう。

```
外れ値はありましたか？


```

ただし，外れ値だからといってデータを削除してよいわけではありません。例えば，高校のクラスに身長2mの男子生徒がいたとします。他の男子生徒の平均身長が170cmだとすると，2mの身長は外れ値となってしまいますが，ではその男子生徒を分析から除いてしまってよいものでしょうか。データを削除すべきかどうかは，機械的に行うのではなく，何を測定しているのか，その意味を考える必要があります。

外れ値が見つかった場合には，(a) そのケース（人）を分析から外す，(b) そのまま分析を続ける，(c) 外れ値を別の数値に置き換えるという3通りの対処方法があります。

(a) を採用すると決めた場合には，どのようにしてそのケース（人）が外れ値だと認定されたのかなどの詳細を記録しておきましょう。(b) の方法の場合には分析対象者は減りませんが，意図しない結果が生じてしまう可能性に留意しましょう。(c) の場合には，外れ値を，平均値に3標準偏差を足した値に置換する，2番めに外れている値に1を足すなど，複数のやり方がありますので調べておきましょう。

このあたりの判断は一律に決まるわけではありませんし，明確な基準があるわけでもありません。教員と相談しながら決めてください。そして，自分がどのような手順を取ることに決めたのか，外れ値をどう処理したかは，忘れずにメモしておきましょう。

6-1はこれで終了です。終了日時を書き込みましょう。

6-2 尺度水準について考えてみよう

開始日時（　　　　　）終了日時（　　　　　）かかった時間数（　　日　　　時間）

① データの意味

リサーチクエスチョンに答えを出すための本格的な分析に入る前に，自分が集めてきたデータの意味を見直してみましょう。同じ数字が並んでいても，その意味は異なります。例えば，「1」と「2」という数字が「性別」（女性＝1，男性＝2）なのか，「秒数」（1秒，2秒）なのか，尺度の得点（1点＝賛成，2点＝反対）なのかは，どのような文脈でその数字を扱うかによって変わってきます。

このような，数字と意味との対応には，いくつかのタイプがあります。それを，尺度水準といいます。尺度水準には「名義尺度」「順序尺度」「間隔尺度」「比率尺度」の4つがあります。この尺度水準によって，分析の仕方が異なってきます。特に名義尺度・順序尺度であるか，間隔尺度・比率尺度であるかで，方法が異なってきます。ここでは，あなたの研究の中でどのような尺度水準のデータを扱っているかを整理してみましょう。

② 名義尺度

名義尺度は，数字の違いが区別だけを表します。例えば電話番号は数字を使っていますが，末尾が1よりも9の方が「大きい」とか「多い」とは言いません。電話番号に同じものがあると困ってしまいますので，数字の違いは区別を表します。

◆あなたが研究で扱っているデータに名義尺度はありますか？　　（　ある　・　ない　）
◆変数名を書き出してみましょう。

(例) 性別, 出身県

③ 順序尺度

順序尺度は，順位を表します。数字の違いは順番の違いであり，その順番の幅は関係ありません。マラソンで1位と2位の差が5分，2位と3位の差が10秒だとしても，順位は1位，2位，3位となります。

◆あなたが研究で扱っているデータに順序尺度はありますか？　　（　ある　・　ない　）

◆変数名を書き出してみましょう。

> （例）どの場面がストレスかという問いに対する答え（1番め：近親者の死，2番め：離婚）

④ 間隔尺度

　間隔尺度は，数字と数字の間に順位と幅の意味を持たせたものです。記憶のテスト得点で60点を取った実験参加者は，30点を取った参加者の2倍の点を取ったことを意味し，45点と50点の差は，75点と80点の差に等しいことを意味します。またもうひとつ重要な点は，「0（ゼロ）」が「無」を意味するわけではないという点です。記憶のテストで0点を取ったことは，「記憶の能力が存在しない」ことを意味するわけではありません。同じように，「怒り」を測定する尺度で0点を取ったからといって，その調査対象者の怒りが「まったくない，怒りという概念そのものが存在しない」とは限りません。その点で，長さのように「0 cm」が「長さがない」こと，重さのように「0 g」が「重さがない」ことを意味する数字（比率尺度）とは異なります。間隔尺度は絶対的な数字というよりは，相対的な数字です。「比較」をするときに有効となるということを心に留めておきましょう。

　心理学で用いる得点の多くは，間隔尺度として扱われます。パーソナリティの得点や，態度や意識の得点などは，たとえそれが0点となったとしても「無い，存在しない」ことを意味するわけではないからです。従って，このように心理学で測定された値を順序尺度として扱う方がよいと考える研究者もいます。しかし実際には，統計処理上の利点を考えて間隔尺度とみなして分析することが多く見られます。

◆あなたが研究で扱っているデータに間隔尺度はありますか？　　（　ある　・　ない　）
◆変数名を書き出してみましょう。

> （例）自尊感情尺度

　なお，比率尺度については省略しますが，長さや重さ，個数，回数などをデータとして扱っている場合（乗除の演算が可能な変数）にはそれを把握しておきましょう。
　6-2はこれで終了です。終了日時を書き込みましょう。

6-3　人口統計学的変数について考えてみよう

開始日時（　　　　　）終了日時（　　　　　）かかった時間数（　　日　　　時間）

①　参加者の特徴を押さえよう

　あなたは，どのような対象者に調査や実験，面接，観察に参加してもらったでしょうか。年齢は何歳から何歳で，平均年齢は何歳だったでしょうか。また，参加者の性別はどうだったでしょうか。全員が日本語を母国語としている人だったでしょうか。大学でデータを集めた場合，留学生はその中に何人含まれていたでしょうか。社会人を対象にしたのであれば，その対象者のうちどれだけが仕事についている人だったでしょうか。結婚している人はどれくらいの割合でしたか。またどのような家族構成でしょうか。

　このようなことを問うた結果が入っている変数のことを，人口統計学的変数（デモグラフィック変数）といいます。なぜ，このようなことを尋ねる必要があるのでしょうか。それは，研究結果の解釈にあたって，参加者の特徴が大きな影響を及ぼすからです。

　人口統計学的変数の中で，どのようなことを尋ねる必要があるか（例えば年収を聞くべきかどうか）は，その研究で何を扱うか，そしてリサーチクエスチョンの内容によります。

②　参加者の偏り

　では，人口統計学的変数を論文で報告する意義は何でしょうか。第一は，研究でデータを集めた対象者が一部の特殊な集団であるのか，一般的な集団であるのかを判断することで，論文の応用可能性の範囲を明確にするためです。例えば，大学生を対象として，就職活動の様子を尋ねる質問紙を実施したとしましょう。そして，得られた結果から，「日本の大学生はこのような傾向がある」と結論づけたとします。しかし，調査対象者がある特定の大学の1つの学部に所属する学生だけだったり，多数の留学生が含まれていたりしたらどうでしょうか。「日本の大学生は……」と結論づけることは難しいかもしれません。それに，そもそもどのような大学生を対象として調査を行ったのかの情報がなければ，そのような判断をすること自体が難しくなってしまいます。このようなときに，学部名あるいは留学生であるかどうかを人口統計学的変数として集めておくことで，調査に参加した大学生のうち何パーセントがどの学部に所属していたのか，何割が留学生であったのかを把握し，論文に記述することができます。そうすれば，得られた結果が一般的な大学生にも適用することができるのかを，論文の読み手が判断することができるというわけです。

③　参加者の分類

　人口統計学的変数を記述するもう1つのメリットは，結果に影響を与える可能性がある

変数を確認しておくことにあります。例えば，服装と価値観の関連を研究するような場合を考えてみましょう。実際の服装の様子やそれへのこだわり，どのようなブランドを好むかなどは，年齢や性別，また収入によって大きく異なってきます。もしかしたら地域によっても差があるかもしれません。このようなときに，「男性ではこのような結果が得られるけれども女性ではそのような結果は得られない」とか，「この年代ではこのような関連が見られるけれどもこの年代ではそのような関連は見られない」といった，人口統計学的変数に関連した結果が得られることがあります。この場合，もし人口統計学的変数を質問に含めていなければ，そもそもこのような分析をすることができません。

◆どのような人口統計学的変数が，自分のリサーチクエスチョンに直接関係する変数と関連しそうか，考えてメモしておきましょう。

> （例）コミュニケーションスタイルには，末っ子か長子かが関係するかもしれない。

　また，人口統計学的変数の間で何か特別な関係があるかもしれないと予想される場合には，それらについてあらかじめ分析しておく方がよいでしょう。例えば，大学生を対象とした場合，性別と年齢の関連を見て，仮に男子学生の方が女子学生より有意に年齢が高いとしたら，今後の分析結果にそれが影響を及ぼすかもしれません。人口統計学的変数どうしの関係で検討すべきものをメモしましょう。

　記入したら，教員や大学院生，一緒に研究をしている仲間と，この問題について話し合ってみましょう。

　6-3はこれで終了です。終了日時を書き込みましょう。

6-4 参加者の情報を整理しよう

開始日時（　　　　　）終了日時（　　　　　）かかった時間数（　　日　　時間）

① 人口統計学的変数

6-3で，人口統計学的変数について考えてみました。ここでは，あなたが集めたデータについて，参加者の情報を整理しましょう。例えば，変数名が「region」だとして，その変数が表す内容の欄に「現在住んでいる地域」など，その変数が表す意味を記入しましょう。

なお，ここでは人間を対象とした場合を想定しています。動物を対象としていたり，文献や二次データの分析を行ったりする場合には，それぞれに適した情報の整理方法があります。既存の論文や方法論が書かれたテキストを参考にして，記述してください。

また，それらの変数は，どのような値（数字・記号）によって入力されているでしょうか。例えば，人口統計学的変数が「性別」の場合，値の欄には，「1 = 女性」「2 = 男性」といったように，その値が何を意味するのかを整理しておきましょう。

◆あなたが集めたデータには，どのような人口統計学的変数が含まれているでしょうか。

人口統計学的変数	その変数が表す内容	値（数字・記号）やその範囲
（例）性別	実験協力者の性別	1＝女性；2＝男性
a.		
b.		
c.		
d.		

② 人口統計学的変数の特徴

次に，これらの人口統計学的変数を論文に報告するために，その特徴を明らかにしていきましょう。どのような指標を用いて特徴を記述するかは，6-2で示した尺度水準によります。

例えば名義尺度の場合には，教育学部を1として経済学部を2とし，理工学部を3としたからといって，その変数の平均を算出しても意味がありませんね。名義尺度の場合には，度数の分布を明らかにすることが大切です。

一方，間隔尺度ないし比率尺度の場合には，度数の分布を見ることで特徴がかえってつかみにくい場合があります。例えば，「年齢」の場合，17歳が何人，18歳が何人と，1つずつ説明するよりも，その平均値を取った方がわかりやすいでしょう。

【ステージ6】データを整理しよう

◆あなたが集めた人口統計学的変数とその特徴を示すための統計量を書いてみましょう。

人口統計学的変数	特徴を示すための統計量
(例) 家族構成	○○%の人が2人家族，○○%の人が3人家族，○○%の人が4人家族，○○%の人が5人家族，そして○○%の人が6人以上の家族構成だと回答した。
a.	
b.	
c.	
d.	

③ 文章でまとめてみよう

①と②でまとめた内容を文章で書いてみましょう。参加者全体の人数は何名で，男性と女性はそれぞれ何名だったでしょうか。何歳から何歳の人が参加しましたか。平均年齢や年齢の標準偏差も算出できましたか。研究の必要性に応じて，地域や学歴，収入，家族構成など，適切な内容を記述していきましょう。もし書き方がわからない場合には，手元にある先行研究の論文をチェックして，その方法のところを参考にしてみましょう。

◆参加者の情報を文章でまとめてみましょう。

<参加者>

6-4はこれで終了です。終了日時を書き込みましょう。

6-5 データ収集手続きを整理しよう

開始日時（　　　　）終了日時（　　　　）かかった時間数（　　日　　時間）

① 何をしたか

　本格的な分析に入る前に、他にも整理しておくべき情報があります。それは、あなたがデータを集めた際に用いた手続きです。それはどのようなものだったでしょうか。このステップでは、データ収集の手続きをまとめておきましょう。

◆あなたがデータを集めた手続きを確認しましょう。なお、以下の確認事項はあくまでも、このような内容を押さえておけば実際の手続きに沿って書けるのではないかという1つの例です。あなたが行った手続きに沿って、漏れがないよう、なるべく詳しく記述しましょう。

手続き
1. 事前に何を準備しましたか？
2. 参加を依頼した手順は？
3. 参加者に会ったとき、最初に何をしましたか？
4. 参加者にどのような説明をしましたか？
5. 参加者はどのような作業をしましたか？
6. 作業の後、用紙や結果の記述をどのように回収しましたか？
7. どのような倫理的配慮をしましたか？

② 再現できるように

　データ収集手続きの記述は、どうして論文に必要なのでしょうか。それは、あなたが執筆した論文を読むことになる未来の読者が、あなたと同じ（あるいはなるべく類似したやり方で）データ収集手続きを再現することを可能にするためです。それは、あなたが研究で得た結果が広く一般化できるのか、そして再現できるのかという重要な判断を行うための情報となるものです。

　しかし、データ収集に伴う事柄を何でもすべて書けばよいというわけではありません。何が本質的で重要な手続きで、何がそれほど本質的ではないのか、見きわめた上で執筆する必要があります。例えば、色や明るさに対する反応に関連するデータを収集した場合には、その色を参加者に見せたときの照明の色や明るさ、部屋の配色などを手続きに書く必要があるでしょう。しかし、色とは関係のない価値観や性格に関する質問紙調査を行ったのであれば、調査を実施した部屋の照明の明るさや部屋の配色まで書く必要はありません。このように、あなたの研究内容に照らし合わせたときに、データ収集手続きにおいて何を注意すべきか、どのような情報を読者は知りたいかをしっかり考えてください。

③ 書いてみよう

　では、論文の「手続き」の項目を執筆してみましょう。先ほどメモした内容を参考に、箇条書きではなく文章で書いてみてください。なお、「手続き」の項目は既にデータを集め終わっていることが前提となりますので、過去形の文章で書きましょう。もしも、書き方がわからない場合には、手元にある先行研究の論文の中の、「方法」に書かれている「手続き」の項目を見て、参考になる記述があるかチェックしてみましょう。

◆論文の「手続き」の項目を執筆しましょう。

　6-5はこれで終了です。終了日時を書き込みましょう。

6-6 英語の論文の「方法（Method）」の部分を読んでみよう

開始日時（　　　　　）終了日時（　　　　　）かかった時間数（　　日　　時間）

① 人口統計学的変数に基づいた組み入れ基準と除外基準をチェックしよう

　「方法」の部分の，参加者の特徴と，調査・実験・面接・観察等の方法に関する「手続き」の項目が書けましたか。では今日は，英語の論文に挑戦して，これらの情報が英語ではどう書かれているか勉強してみましょう。

　第一にチェックする内容は，Inclusion Criteria（組み入れ基準）と Exclusion Criteria（除外基準）です。リサーチクエスチョンに答えを出すためにデータを集めたわけですが，実際にデータを集めてみると，予想していなかったような特徴を有する人のデータが混在していることが時々あります。例えば20代の恋愛におけるコミュニケーションのあり方について検討することを目的とした卒業論文において，大学生を対象としてデータを取った際，年配の方のデータが混ざっていると，それは結果に影響を及ぼします。

　そのようなときに設定するのがこれら2つの基準です。Inclusion Criteria はどのような特徴の人を分析対象に含めるのかという基準であり，Exclusion Criteria はどのような特徴の人を分析対象から除くかという基準です。実験（調査，面接，観察）に参加した人の合計人数と，分析対象とする人の合計人数にズレが生じるときがよくあるのはこれが原因です。

　手元にある英語の論文をチェックして，これらがどう記載されているか整理してみましょう。そして，自分の論文にもあてはめることができそうかどうか考えてみましょう。

Inclusion Criteria	その具体的基準	Exclusion Criteria	その具体的基準
（例）Age	20歳から30歳	（例）Age	19歳以下，31歳以上を除く

② 英語の論文を見て，「方法」の部分にどのようなことが書かれているかチェックしよう

　では，次に英語の論文の「方法」の部分をチェックしましょう。そのためには，代表的な用語が英語でどのように表現されるかを調べて基礎知識を身につけておきましょう。

（例）参加者	Participant	尺度	
調査		回収率	
実験操作		同意書	
信頼性		人口統計学的変数	
妥当性		手続き	

【ステージ6】データを整理しよう

次に，手元に1本，自分の卒業論文と関係しそうな英語の論文を用意して，以下の内容が含まれているかチェックし，含まれている場合にはその内容を書き留めましょう。

レビューする論文の情報（　　　　　　　　　　　　　　　　　　　　　　　　　　）

内容	探すときのキーワード	有無	その内容
どのような人が募集の対象となったか	Recruit, eligibility, were approached		
参加者の合計人数	Total participants, subjects		
分析対象の合計人数	Inclusion/exclusion criteria, resulting number		
人口統計学的変数・特徴	Demographic variables, age, sex, ethnic group		
データ収集手続き	Sampling procedure		
検定力	Statistical power		
尺度や変数	Measures, questionnaires, instruments, inventories, scales, reliability, validity		
実験手続き・介入方法	Experiment, intervention, manipulation, condition, control groups		
倫理委員会の許可	Institutional review		

③　先行研究の方法と自分の方法を比較しよう

では，今レビューした論文に記載されていた内容と，前のページで整理した内容を見比べて，どのような違いがあるかをまとめておきましょう。まったく同じということはありえません。サンプルの特徴の違いを明らかにしておくことで，得られた結果が違う場合，その理由を考察するときに役立つでしょう。

	自分のデータ	先行研究A	先行研究B
調査参加者の数			
調査参加者の特徴			
分析対象者の特徴			
収集した変数			
データ収集手続き			

6-6はこれで終了です。終了日時を書き込みましょう。

6-7 「方法」の部分を書いてみよう

開始日時（　　　　　）終了日時（　　　　　）かかった時間数（　　日　　時間）

① 「方法」の部分

卒業論文の「方法」の部分は，次のような情報を書く部分です。
1. 参加者：調査や実験，面接参加者の特徴を記述
2. 使用した材料・道具：調査であれば尺度内容，実験であれば刺激の内容を記述
3. 手続き：調査や実験，面接，観察を行った手順や注意点を記述

6-4から6-6までにまとめてきた内容で，これら3つの部分を含む「方法」の部分を執筆できる準備が整いました。論文は，最初の部分から順に書いていく必要はまったくありません。データを集めた現段階で，「方法」の部分を執筆することができるのですから，ぜひ卒業論文のファイルを新規につくり，さっそく書いてみましょう。

なお，以下では執筆に含める内容をチェックリストとして示しますので，自分のPC等で執筆し，ファイルとして保存しつつ，情報の見落としがないかどうかチェックするためのものとして活用してください。ちなみに，論文の書き方として，「大学生100名が調査に参加した」という言い方もあれば「大学生100名に調査への回答を求めた」という言い方もあります。言い回しには個人差がありますので，ゼミのメンバーとも相談するとよいでしょう。

② 参加者

6-3から6-4で，参加者の情報をまとめましたね。その内容に基づいて，論文の形式で「方法」の部分の「参加者」の項目を執筆しましょう。書き方がわからない場合には，参考になりそうな論文を参照し，それを見本にしながら書いていきましょう。ただし，出版されている論文の多くは，文字数にきまりがあるので，コンパクトに要約されていることもよくあります。卒業論文では，必要な情報を網羅的に整理しましょう。

◆「参加者」の項目を執筆しましょう。以下の情報は含めましたか？もし自分の研究に無関係であれば，飛ばしてくださいね。

参加者合計人数		調査場所	
男女の人数		統制群・実験群の人数	
年齢の平均・標準偏差		調査時期	

③ 使用した材料・道具

この項目では，データ収集に用いた材料・道具を執筆します。調査であれば，用いた尺

【ステージ6】データを整理しよう

度ごとに，その内容（出典・開発手続き，項目数，教示内容，回答の選択肢と件法など）をまとめていきます。実験であれば，用いた道具について執筆しましょう。面接や観察を行った場合も同様です。コーディングに用いた指標や，尋ねた質問内容などを整理します。

　実際に自分の研究についてこの項目を書く前に，同じ実験道具，面接技法，観察記録，尺度を用いた先行研究をチェックし，どのような内容が記述されているかを調べましょう。

文献情報	該当ページ	含まれている内容
（例）岩崎・五十嵐（2014）	p.111	青年期用感謝尺度（項目数，選択肢，因子名）

◆では，これらの情報も参考にしつつ，PCを用いて自分の研究で使用した材料・道具の項目を執筆しましょう。

フェイスシート		実験道具	
尺度1の具体的内容		尋ねた質問項目	
尺度2の具体的内容		コーディングの指標	
尺度3の具体的内容		カウンターバランスの有無	

④　手続き

　このパートでは，「手続き」の項目について執筆します。6-5でデータ収集手続きをまとめていますので，その内容に基づいて執筆していきましょう。

◆「手続き」の項目を執筆しましょう。

予備調査の有無		実験手続き	
外れ値の有無		面接・観察手続き	
外れ値の処理の仕方		倫理的手続き	
調査実施手続き		最終的な分析対象の特徴	

　ステージ6はこれで終了です。
　情報を整理するとともに，とうとう本格的に論文を執筆し始めることができましたね。データの分析はいよいよこれからが本番です。ここまでの作業をしっかりと見直し，次へと進んでいきましょう。
　終了日時を書き込み，次のステージに進んでください。

MEMO

【ステージ7】
分析してみよう

stage 7

　ステージ7では、分析を進めて、卒業論文の柱になりそうな結果を確定していきたいと思います。ステージ6で、データの整理は終わっていますので、本格的に分析を進めましょう。作業に入る前に、論文に書く分析のストーリーを描いてみましょう（7-1）。この作業によって、個別の分析がひとつの流れとしてイメージできるはずです。そして、このストーリーに従って分析作業を進めていきます（7-2）。次に、リサーチクエスチョンから導かれた仮説が検証されたかどうかを見ていきます（7-3）。一連の分析のストーリーの周辺には、基本的な情報も不可欠です（7-4）。さらに、少し寄り道をして、最初に立てていたリサーチクエスチョンとは直接関係しないかもしれない別の分析方法も試してみてはどうでしょうか。もしかしたら、予想していなかったような興味深い結果が得られるかもしれません（7-5）。結果を出したら、今回行っている研究を一言で言い表すとどうなるか、「テイクホームメッセージ」というキーワードを使って卒業論文の柱を考えてみましょう（7-6）。ステージ7のゴールは、論文の「結果」の部分を書き始めることです（7-7）。既に「方法」の部分は書き始めていると思いますので、卒業論文の完成という目標に向けて継続的に執筆していきましょう。

　では、所要時間の目安を参考にしながら予定を記入し、ページをめくって始めましょう。

	ステージ7の7つのステップ	所要時間（目安）	予定	チェック
7-1	分析のストーリーを描いてみよう	2時間		
7-2	分析作業を進めよう	4時間		
7-3	仮説が検証されたか考えてみよう	2時間		
7-4	基本的な分析も押さえておこう	2〜5時間		
7-5	他の分析方法も試してみよう	2〜5時間		
7-6	テイクホームメッセージを考えよう	3時間		
7-7	ステージ7のゴール：論文の「結果」の部分を書き始めよう	3〜5時間		

7-1 分析のストーリーを描いてみよう

開始日時（　　　　　）終了日時（　　　　　）かかった時間数（　　日　　時間）

① 一連の分析の流れ

ある分析を行う前に，下準備が必要になることがあります。

例えば実験を用いた場合，参加者の個人差をチェックするために誤答率を実験参加者ごとに算出しておく必要があるかもしれません。観察を用いた場合には，ある行動の生起率を算出するにあたり，類似の行動ごとに合計点を算出しておく必要があるかもしれません。また，調査型の研究では，事前に下位尺度あるいは因子得点を算出する必要があるかもしれません。もう少し詳しく例を挙げてみたいと思います。

「対人ストレス反応尺度」と「抑うつ尺度」との関連を検討することを目的とした研究を考えてみましょう。「対人ストレス反応尺度」は20項目からなっていて，先行研究から2つの下位尺度（「心理的ストレス」と「身体的ストレス」各10項目）が含まれていることがわかっていますので，「心理的ストレス得点」と「身体的ストレス得点」が算出されます。「抑うつ尺度」は下位尺度がなく，8項目全体で「抑うつ得点」が算出されるようにデザインされています。最終的な目的は，この両者の関連を，ピアソンの積率相関係数を用いて算出し，分析検討することです。

ということは，すぐに10項目の得点を合計して「心理的ストレス得点」，10項目の得点を合計して「身体的ストレス得点」，8項目の得点を合計して「抑うつ得点」を算出し，相関係数を算出すればよいのでしょうか。違いますね。実際にはさまざまな下準備を含めて，複数の段階からなる分析の手順が考えられます（以下に挙げるのは一例です。具体的な手順や方法は研究目的やデザインによります）。

1. 各項目の平均値，標準偏差，最小値，最大値等を算出する
   目的：異常値や外れ値がないか，正規分布から外れていないかどうかを確認するため
2. 「対人ストレス反応尺度」の因子分析を行う
   目的：先行研究と同じ2因子構造を確認するため（先行研究に疑問がない場合や，因子構造の確認や探索が目的でない場合には省略してもよい）
3. 「抑うつ尺度」の因子分析を行う
   目的：先行研究と同じ1因子構造を確認するため（先行研究に疑問がない場合や，因子構造の確認や探索が目的でない場合には省略してもよい）
4. 「心理的ストレス」「身体的ストレス」下位尺度，「抑うつ」尺度それぞれの信頼性係数（α係数）を算出する
   目的：尺度の内的整合性（まとまり）を確認し，得点を合計して用いることが妥当であることを実証するため
5. 「心理的ストレス」「身体的ストレス」「抑うつ」それぞれに相当する項目得点を合計する
   目的：それぞれの尺度（下位尺度）得点を算出するため

6. 「心理的ストレス」などそれぞれの尺度の合計得点を項目数で割って平均値を取る
    目的：尺度間で項目数にばらつきがある場合には平均値を取る方がわかりやすいため
7. 「心理的ストレス」「身体的ストレス」「抑うつ」の相関係数を算出する
    目的：3つの尺度（下位尺度）間の関連を検討して，仮説を検証するため
8. 「心理的ストレス」「身体的ストレス」を独立変数として，「抑うつ」を従属変数とする因果関係が妥当な場合（縦断調査などの場合）には，その重回帰分析を行う
    目的：ある時点で調査した「心理的ストレス」「身体的ストレス」がより後の時点で調査した「抑うつ」に影響するかというリサーチクエスチョンを検討するため

②　分析の流れを考えてみる

ではあなたの研究について，分析の流れを考えてみましょう。1つひとつの分析について「理由・目的」を考えることが重要です。また，ある分析が次の分析の前段階になっている場合もあります。5-6で，論文の一連の分析の流れをいくつか見ていますので，今回の研究の参考になりそうな論文を参考にしてもよいでしょう。

◆あなたの研究の分析の流れを，分析の理由とともに書き込んでください。

分析の流れ	分析の理由・目的
1.	
2.	
3.	
4.	

一連の分析の流れを記入したら，教員や大学院生など，研究経験の豊富な人に相談して助言をもらいましょう。

7-1はこれで終了です。終了日時を書き込みましょう。

7-2 分析作業を進めよう

開始日時（　　　　　　）終了日時（　　　　　　）かかった時間数（　　　日　　　時間）

① 分析を始める

それでは，さっそく分析作業を進めましょう！

7-1で作成した分析の流れに従って分析作業を進めていきます。これまでに調べた統計処理ソフトウェアの使い方等も参考にしながら，分析作業を進めましょう。わからないことが出てきたら，まず授業で学んだ内容や，テキストの情報，信頼できるインターネットの該当ページを探してください。それでも解決できない場合には，指導教員や仲間・先輩，大学院生などに尋ねてみましょう。

② 流れに沿って進める

7-1で記入した分析内容を以下の左側の欄に記入します。そして，分析をしたらチェックを入れ，その結果や気になったことをメモしていってください。

分析内容	チェック	メモ
（例）アルファ係数を算出し尺度の内的整合性を検討	レ	尺度Aはαが.87だったのでOK。けれども尺度Bは.50しかなかった。逆転項目の扱いを再検討しよう。
1.		
2.		
3.		
4.		
5.		
6.		
7.		

【ステージ7】分析してみよう

③ 何か問題はないか確認しよう

　分析作業を進めてみて，自分が答えを見いだしたいと思っていたリサーチクエスチョンに近づけているかどうか確認しましょう。また，分析を行う中で，何か問題に気づいた場合には，その内容を書き込んでおきましょう。

◆仮説検証のための下準備はほぼ終わりましたか？　　　　（はい・いいえ・わからない）
◆リサーチクエスチョンに直接かかわりそうな分析を始めることはできましたか？
　　　　　　　　　　　　　　　　　　　　　　　　（はい・いいえ・どちらとも言えない）
◆気づいた問題点があれば書いてみましょう。

　　　　　　　　　　　　　　　　　　　　　　　　　　　　　　　　　　　　　　　

　また，分析の中に自分では気づいていないようなミスがあるかもしれません。例えば，逆転項目があるのに得点を逆転し忘れたまま合計得点を算出してしまっているとか，合計点に算入すべき項目得点を計算式に入れ忘れていることなどです。さらに，それぞれの統計手法には，事前に満たしておくべき条件があります。例えば，ある項目の得点が正規分布から有意にかけ離れている場合には使えない分析手法がありますし，各条件間で母集団の分散が等質だとみなせない場合には，分散分析を行う際に統計的な調整が必要となります。これらの条件が満たせているかどうかを検定することなしに，ソフトウェアを操作して分析したとしても，その結果が信頼に足るものだとは言えません。分析結果を得る前に，満たすべき条件をチェックし，結果を出したら，必ずその内容を教員や先輩に確認してもらいましょう。そして，結果についてコメントをもらってください。

◆教員に分析結果を見せ，指導された内容を記入しましょう。

　　　　　　　　　　　　　　　　　　　　　　　　　　　　　　　　　　　　　　　

　7-2はこれで終了です。終了日時を書き込みましょう。

7-3 仮説が検証されたか考えてみよう

開始日時（　　　　）終了日時（　　　　）かかった時間数（　　日　　　時間）

① 仮説の確認

このステップでは，事前に立てた仮説が検証されたかどうかを考えてみましょう。

3-7のページを開いてください。あなたの研究は探索的な研究ですか，それとも仮説を検証するタイプの研究でしょうか。

◆どちらですか？　⇒（　探索的な研究〔仮説生成型の研究〕　・　仮説検証型の研究　）

3-7を見返し，探索的な研究の場合にはその内容ないしはリサーチクエスチョンを，仮説検証型の研究の場合には仮説をもう一度下の欄に記入しましょう。データの分析を始めると，当初の疑問から逸れて，何のためにその分析をしているのかがわからなくなることがあります。それを防ぐためにも，このステップを飛ばさないでください。

◆探索的研究の場合はその内容を，仮説検証型研究の場合には仮説を書き込んでください。

| |
| |
| |

② 確かめる分析内容

次に，7-1や7-2を見返しながら，分析方法に漏れはないか確認していきましょう。自分のリサーチクエスチョンはこれまでに組み立ててきた分析で明らかにされるでしょうか。仮説がある場合には，7-2で整理した分析ですべて検証されるでしょうか。

◆どの分析がどの目的に対応するかをまとめてみましょう。

リサーチクエスチョン・仮説	分析1	分析2
（例）何がきっかけで物忘れが自覚されるのか	変数Aの度数検証	χ^2検定
（例）悲観的な人ほど環境問題に関心があるだろう	相関係数の検証	回帰分析

【ステージ7】分析してみよう

他にもリサーチクエスチョンや仮説に関係しそうな分析をメモしておきましょう。

（例）○○尺度の因子分析，△△を独立変数・□□を従属変数とした分散分析，など

③ 結果をメモする

7-2の分析の結果，仮説の検証やリサーチクエスチョンに対応して，どのような結果が得られたでしょうか。統計処理ソフトによる分析の結果の中で，どの出力部分が見たい結果に対応しているのか，メモを取ってみましょう。

◆分析結果を記入しましょう。

（例）分散分析の結果，△△の主効果は……であり，○○の主効果は……であった。そしてそれらの交互作用は F 値が……であり○％水準で有意であった，など

④ 検証された内容をわかりやすい言葉で言い換える

この分析結果は，あなたの研究上の問いに回答をもたらす結果となっているでしょうか。どのような結果が得られたのかを統計的な数値ではなく文章で記述してみましょう。心理学の授業をまったく取ったことがない友人に説明して，わかってもらえるように，難しい言葉や専門的な用語を使わないで，自分の結果を記述してみましょう。

◆結果を文章で書いてみましょう。

（例）分散分析の結果から，○○群は□□群よりも……得点が高いことが示された。○○群の方が得点が高いということは，～という特徴を持つ人の方が～な傾向があるということを示している。最初に立てていた仮説は支持されたと言えそうだ，など。

7-3はこれで終了です。終了日時を書き込みましょう。

7-4 基本的な分析も押さえておこう

開始日時（　　　　　）終了日時（　　　　　）かかった時間数（　　日　　　時間）

① 基本統計量

卒業論文の柱になりそうな結果は定まってきましたか？論文では，結果を記述する際に，主要な結果ではないものの，記載しておくことが望ましい情報というものがあります。

例えば，各変数の得点の平均値や標準偏差，得点範囲です。5-7で，各変数の基本統計量を算出しましたが，項目得点を合計した尺度得点や，複数の指標を合計した変数など，メインの分析に使用した変数についても，基本統計量を算出しているでしょうか。また，グループ間の t 検定や分散分析を行った場合には，各グループにおいて基本統計量を算出した方がよいでしょう。先行研究と比較して考察するためにも，基本統計量はしっかりと確認しておきましょう。

◆尺度得点や合計値に対して基本統計量を算出していますか？　（　はい　・　いいえ　）
　⇒「いいえ」の場合には，算出しましょう。どのような結果になりましたか？

変数名	基本統計量			
	平均値	標準偏差	最大値	最小値

② 関連を確認する

多変量解析を分析で使用している場合には，変数間の相関関係も確認しておきましょう。パス解析や重回帰分析，共分散構造分析（構造方程式モデリング）等を使用した場合には，ぜひ柱となる結果に含まれている変数間の相関係数（ピアソンの積率相関係数やスピアマンの順位相関係数など）を算出しましょう。もしも変数が名義尺度（性別や学部など）の場合には，クロス集計表を作成することで変数間の関連を確認できます。

◆尺度得点や合計値の関連を確認していますか？　　　　　　　（　はい　・　いいえ　）
　⇒「いいえ」の場合には，相関係数を算出したり，クロス集計表を作成したりしましょう。

【ステージ7】分析してみよう

◆相関係数やクロス集計表から，わかることについてメモを書いておきましょう。

```
┌─────────────────────────────────────────────────┐
│                                                 │
│                                                 │
│                                                 │
│                                                 │
└─────────────────────────────────────────────────┘
```

③ 図を描く

　基本統計量や相関係数，クロス集計表に加えて，分析結果を図で表現することも大切です。このプロセスはデータの分析を始めた早い段階で行ってもよいですが，これまでに得た結果を再度見直す目的で，もう一度行うことにも意味があります。

1. ヒストグラム：得点の分布を確認するために描いてみましょう
　⇒ヒストグラムを描いた変数名をメモしておきましょう。
　　（　　　　　　　　　　　　）（　　　　　　　　　　　　　　　　　　）
　　（　　　　　　　　　　　　）（　　　　　　　　　　　　　　　　　　）
　　（　　　　　　　　　　　　）（　　　　　　　　　　　　　　　　　　）
　　（　　　　　　　　　　　　）（　　　　　　　　　　　　　　　　　　）

2. 散布図：得点間の関連を確認するために描いてみましょう
　⇒散布図を描いた変数の組み合わせと，どのような関連が見られたかをメモしましょう。
　　（　　　　　―　　　　　　）⇒（負の相関・無相関・正の相関・曲線相関）
　　（　　　　　―　　　　　　）⇒（負の相関・無相関・正の相関・曲線相関）
　　（　　　　　―　　　　　　）⇒（負の相関・無相関・正の相関・曲線相関）
　　（　　　　　―　　　　　　）⇒（負の相関・無相関・正の相関・曲線相関）
　　（　　　　　―　　　　　　）⇒（負の相関・無相関・正の相関・曲線相関）

3. 棒グラフ・折れ線グラフ：群間の平均値の違いを確認するために描いてみましょう
　⇒どの群間の何の平均値についてどのようなグラフを描いたかメモしましょう。エラーバー（平均値の信頼区間や標準誤差）を忘れてはいけません。

```
┌─────────────────────────────────────────────────┐
│                                                 │
│                                                 │
│                                                 │
│                                                 │
└─────────────────────────────────────────────────┘
```

　7-4はこれで終了です。終了日時を書き込みましょう。

7-5 他の分析方法も試してみよう

開始日時（　　　　　）終了日時（　　　　　）かかった時間数（　　日　　　時間）

① 他の方法を試してみよう

いよいよデータ分析の最終ステップです。ここでは，これまでにまだ行っていない分析方法を試してみましょう。同じ結論を得るための分析方法は，ひとつだけとは限りません。どのような目的のもとで，どのような変数を，どのような分析で用いることができるかについて，以下に例を示しましたので，参考にしてください。

1. 関連を検討する方法…変数 A と変数 B の関連を検討
   両方が間隔尺度以上⇒ピアソンの積率相関係数
   片方あるいは両方が順序尺度⇒スピアマンの順位相関係数
   名義尺度（2群）×間隔尺度以上⇒ t 検定あるいはピアソンの積率相関係数
   名義尺度（3群以上）×間隔尺度以上⇒1要因分散分析
   名義尺度×名義尺度⇒クロス集計表，χ^2 検定
2. 因果関係を検討する方法…独立変数 A と B が従属変数 C に及ぼす影響を検討
   ・直接的な影響を検討
   独立変数が名義尺度（2群）・従属変数が間隔尺度以上⇒分散分析あるいは回帰分析
   独立変数が名義尺度（3群以上）・従属変数が間隔尺度以上⇒分散分析
   独立変数が名義尺度・共変量あり・従属変数が間隔尺度以上⇒共分散分析
   独立変数が間隔尺度以上（名義尺度も可）・従属変数が間隔尺度以上
   　⇒（重）回帰分析・パス解析
   独立変数が間隔尺度以上（名義尺度も可）・従属変数が2値（0-1）
   　⇒ロジスティック回帰分析
   ・媒介効果を検討（A → B → C と A → C）
   重回帰分析・パス解析・共分散構造分析・Sobel test・ブートストラップ法
3. 調整変数を検討する方法…集団 α と集団 β で変数 A と変数 B の関連の大きさや方向が変わるかを検討
   独立変数と調整変数が名義尺度・従属変数が間隔尺度以上⇒多要因の分散分析
   独立変数と従属変数が間隔尺度以上・調整変数が名義尺度
   　⇒調整変数によってグループを分けてグループごとに回帰分析・パス解析，共分散構造分析（多母集団の同時分析）
   いずれも間隔尺度以上⇒交互作用項を独立変数とする階層的重回帰分析
4. 多数の変数間の構造を検討する方法…因子分析，主成分分析，コレスポンデンス分析
   変数が間隔尺度以上⇒因子分析，主成分分析
   変数が名義尺度⇒コレスポンデンス分析

【ステージ7】分析してみよう

　皆さんが取り扱っているデータで，まだ試していないけれども上記に適用できそうなものはあるでしょうか。

◆プラスアルファの分析ができそうなものはあるでしょうか　　　（　ある　・　ない　）

どの分析ですか？
どの変数に使えそうですか？
どのような結果が予想されますか？
実際にどのような結果が得られたでしょうか？

②　どんどんチャレンジしてみよう

　卒業論文を完成させるための研究にはたくさんの目的があります。そのひとつは，研究活動を通じてさまざまな技術・スキルを身につけることにあります。必要最小限のことだけではなく，いろいろな分析ができるようになることもそれにあたります。ぜひ，多くの分析手法にチャレンジしてみましょう。また，データにはいろいろなメッセージが隠されていることがあります。自分が最初に立てていたリサーチクエスチョンや仮説とは直接関係しないと思い込んでいることでも，いろいろな分析を行う中で，何かヒントが見つかるかもしれません。時間が許す限り，さまざまな手法を試してみましょう。

　そして，論文に使えそうな結果はもうこれ以上ないだろうと思う地点まで来たら，教員や先輩にぜひ相談してみましょう。もしかしたら何か見落としていることがあるかもしれませんし，自分では興味深いと思えなかった結果でも，他の人に見てもらうことで，新たな発見や新たな考察につながるものがあるかもしれません。

　今後も卒業論文を書き進むにつれて，さらなるデータ分析が必要になる可能性はありますが，ステージ7で柱となる分析は終わりになります。ですので，今一度データにじっくり向き合い，抜け落ちている分析がないか確認しておきましょう。

　7-5はこれで終了です。終了日時を書き込みましょう。

7-6 テイクホームメッセージを考えよう

開始日時（　　　　　）終了日時（　　　　　）かかった時間数（　　日　　時間）

①　卒業論文の柱になりそうな結果をまとめてみよう

　データの分析はほぼ終わりましたか？分析が終わったら，次はいよいよ卒業論文に分析結果を書いていきます。けれども，やみくもに結果を羅列するだけでは「良い論文」とは言えません。論文の中で一番言いたいこと，つまり柱となる結果に至るまで，読者を引率する感じで書いていきましょう。途中で迷子が出ないように，順序良く，整理しながら書いていくことが大切です。

　そのためには，自分の言いたいことをなるべく簡潔にわかりやすい言葉で表現することが大切です。心理学を受講したことがない人にもわかるよう，自分の研究結果をよく噛み砕いて，平易な言葉で表すよう心がけましょう。ではやってみましょう。

	言いたいこと	その後ろ盾となる分析の内容や結果
（例）	体重を気にする程度には個人差がある	回答の基本統計量を示す
（例）	悲観的な人の方が体重を気にする	回帰分析の結果を使う
（例）	生活習慣の講義を受けた後の方が，体重を気にする度合いが高かった	対応のある t 検定の結果を使う
1		
2		
3		
4		
5		

②　言いたいことの中から，特に一番伝えたいことをまとめてみよう

　これまでに，先行研究を調べ，既に出版されている論文をたくさん読み，多くの人の協力を得てデータを取り，さまざまな分析をして，といくつもの段階を踏んで研究を進めてきました。ここから先，その結果を論文としてまとめていくわけですが，読んだ人が「結局何をやったかのか何がわかったのか，イマイチよくわからない」という感想を持つことがないよう，言いたいことをここで絞っておきましょう。

　その中でも一番伝えたいことを，「テイクホームメッセージ」という観点から考えてみましょう。テイクホームメッセージとは，聞き手ないしは読み手に，忘れずに家まで持って帰ってもらいたいメッセージをさします。

　例えば，研究発表会などで，一人15分あるいは30分など発表の時間が決められている

ことがよくあります。けれども聞き手はその一人ひとりの発表をすべて覚えていることはできません。後で家に帰ってから思い出そうとしても，ほとんど何も覚えていないこともあります。特に，あまりにもたくさんのメッセージが詰め込まれていたら，家に帰ったとき何も思い出せないということがありますね。また，メッセージがとても複雑でわかりにくかったら，思い出すことが難しいかもしれません。

そこで，この「テイクホームメッセージ」の考え方を利用して，あなたが自分の論文で何を伝えたいか，メッセージをはっきりさせてみましょう。

1. 私が自分の論文を通して取り組みたかったテーマは＿＿＿＿＿＿＿＿＿＿＿＿＿＿＿＿＿＿＿だ。
2. そのテーマに取り組むために取った手法は＿＿＿＿＿＿＿＿＿＿＿＿＿＿＿＿＿＿＿＿＿＿だ。
3. データ分析をして＿＿＿＿＿＿＿＿＿＿＿＿＿＿＿＿＿＿＿＿＿＿＿＿＿＿＿がわかった。
4. ちなみに，データ分析の中で＿＿＿＿＿＿＿＿＿＿＿＿＿＿＿＿ということもわかった。
5. この結果から＿＿＿＿＿＿＿＿＿＿＿＿＿＿＿＿＿＿＿＿＿＿＿＿＿ということが言える。
6. 結論は＿＿＿＿＿＿＿＿＿＿＿＿＿＿＿＿＿＿＿＿＿＿＿＿＿＿＿＿＿＿＿＿＿＿＿だ。
7. 結局一言でまとめるなら，私が見いだしたのは＿＿＿＿＿＿＿＿＿＿＿＿ということだ。

③　論文のタイトルからテイクホームメッセージを考えてみよう

テイクホームメッセージをうまく見つけることができましたか？テイクホームメッセージとは研究の中で最も大切な部分ですので，それが論文のタイトルに反映されている場合もたくさんあります。手元にある論文のタイトルをチェックして，テイクホームメッセージを読み取ることができそうな論文を挙げて，考えてみましょう。そしていよいよ自分の卒業論文の題目を考えるときがきたら，ぜひこのページを参考にしてください。

論文のタイトル	テイクホームメッセージ
(例) 神藤貴昭 (1998). 中学生の学業ストレッサーと対処方略がストレス反応および自己成長感・学習意欲に与える影響　教育心理学研究, **46**, 442-451.	中学生の心の状態（ストレス反応，自分が成長しているという実感，学ぼうという意欲）を知りたかったら，中学生が勉強に関してどんなストレスを経験しているかとそれにどう対応しているかを知ることが必要だ。

7-6はこれで終了です。終了日時を書き込みましょう。

7-7 論文の「結果」の部分を書き始めよう

開始日時（　　　　　）終了日時（　　　　　）かかった時間数（　　日　　　時間）

① 目標を明確にしよう

　さあ，論文の「結果」の部分を書くための材料は出揃いました。ここからは卒業論文を執筆して仕上げていくステップになっていきます。
　ところで，あなたに残された締め切りまでの日にちは何日間ですか？

締め切りまで残り……　　　　　　　　　　　　　　　　　　　　（　　　　　　）日

　最終的な論文に必要とされる文字数に指定はありますか？もし決められている場合には，およそ何文字かメモしておきましょう。また，文字数ではなくてページ数が決まっている場合には，そこからおおよその文字数を計算してください。

論文の目標文字数は……　　　　　　　　　　　　　　　　　　　（　　　　　　）文字

　論文を執筆していくやり方は人それぞれです。最初に大まかなアウトラインを描いて，段落ごとに言いたい内容を決めてしまい，一気に書く人もいれば，書けそうな部分から徐々に書いていく人もいます。自分に合ったやり方で進めればよいのですが，「自分に合ったやり方」というのがわからない人のために，私たちが使っている方法の1つを例として示します。もし自分に合いそうならぜひ使ってみてください。

② 予定を立てよう

　文字数を締め切りまでの残り日数で割ってみて，1日あたり，何文字執筆する必要があるかの目安を立てておくやり方です。

1日あたりの執筆文字数は……　　　　　　（　　　　　　）文字／日

　もちろん，この1日あたりの文字数の執筆を，毎日こなすのは簡単なことではありません。そこで，もう少し長期的な目安を考えてみましょう。今，計算した1日あたりの執筆文字数から，1週間あたりの執筆すべき文字数を計算してみるのです。

1週間あたりの執筆文字数は……　　　　　（　　　　　　）文字／週

　この1週間あたりの執筆文字数を目安とするのです。この数字を超えれば「貯金ができた」，下回れば「借金ができた」と考えるやり方です。

【ステージ7】分析してみよう

③ 記録しよう

　今日から，論文を執筆した文字数を毎日記録しましょう。ワープロソフトであれば，ファイルの文字数を確認することができますので，現在の文字数をExcel等に日付とともに記録しておきましょう。

	A	B	C	D
1	目標	20000		
2	日付	文字数	残り	
3	11月1日	480	19520	
4	11月2日	552	18968	
5	11月3日	95	18873	
6	11月4日	771	18102	
7	11月5日	139	17963	
8	11月6日	492	17471	
9	11月7日	1002	16469	
10				
11				

　このように記録しておけば，毎日執筆した文字数や残りの文字数をグラフで確認することも簡単にできます。

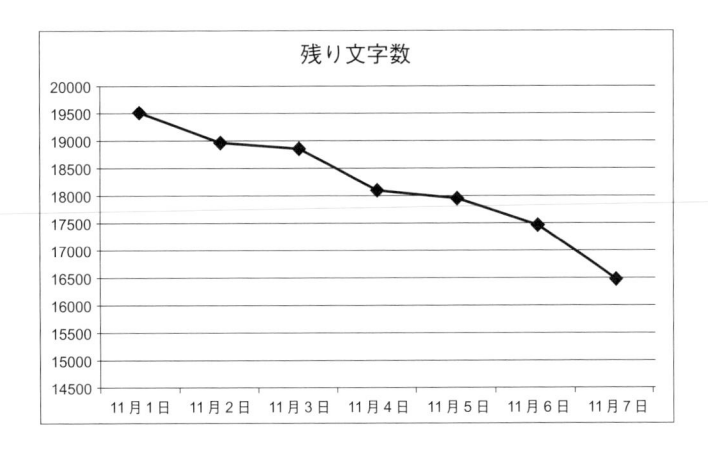

残り文字数のグラフ

　目標に向けて着実に前進していくために，記録をとりながら時々そのペースを確認することで，達成感を得ることができるかもしれません。もしこのやり方が自分にも使えそうだと思ったならば，さっそく，執筆の字数を記録する表を作成してみましょう。

　もしこのやり方は自分に合わないと思ったら，表を作成する必要はありませんので，ステージ6で「方法」の部分を書き始めた文書を開き，その続きに「結果」の部分を書いていきましょう。

　7-7はこれで終了です。終了日時を書き込みましょう。

MEMO

【ステージ 8】
「結果」の部分を書こう

stage 8

　ステージ8では，論文の中の「結果」の部分を中心に執筆していきます。しかし，そのためにその前の部分も少し書いておくと筋が通りやすくなりますので，まず仮説やリサーチクエスチョンに立ち返り，それを文章にまとめるところから始めてみましょう（8-1）。次に，ステージ7で分析した結果から，仮説やリサーチクエスチョンに対応する部分，すなわち柱となる結果をまとめましょう（8-2）。そして，結果を効果的に記述・表現するために欠かせない，表（Table）や図（Figure）を作成していきましょう（8-3, 8-4）。作成した図表を，順番を考えながら並べていくと，「結果」の部分の一連の流れ，ストーリーが出来あがっていきます（8-5）。ここで，英語の論文の図表も見て，取り入れられるところを取り入れてみましょう（8-6）。ステージ8の最終目標は，「結果」の部分を仕上げることです（8-7）。

　では，所要時間の目安を参考にしながら予定を記入し，ページをめくって始めましょう。

	ステージ8の7つのステップ	所要時間(目安)	予定	チェック
8-1	目的と仮説を文章にまとめてみよう	2時間		
8-2	仮説に対応する結果をまとめよう	2時間		
8-3	表（Table）をつくろう	1〜7時間		
8-4	図（Figure）をつくろう	1〜7時間		
8-5	結果のストーリーをつくろう	3時間		
8-6	英語の論文で図表がどうまとめられているか見てみよう	2時間		
8-7	ステージ8のゴール：「結果」の部分を仕上げよう	3〜7時間		

8-1 目的と仮説を文章にまとめてみよう

開始日時（　　　　）終了日時（　　　　）かかった時間数（　　日　　時間）

① 目的と仮説を見直す

3-7を見直しましょう。3-7の最後の部分で，仮説を立てたことを覚えているでしょうか。また仮説生成型の研究を志向している人は，リサーチクエスチョンをいくつか挙げたことを覚えているでしょうか。そこに記入した仮説やリサーチクエスチョンを，もう一度以下に書き写してください。何度も行っている作業ですが，飛ばさないでくださいね。

◆あなたの研究の仮説・リサーチクエスチョンは何だったでしょうか。

ではなぜそのような仮説を立てたのか，なぜそのようなリサーチクエスチョンに取り組もうと思ったのか，そのきっかけを思い出してください。

◆あなたの研究の目的や意義は何だったでしょうか。

② 「方法」の部分につながるよう，論文の形にしていこう

ここで書いた仮説やリサーチクエスチョンを，論文に合致するように修正していきましょう。つまり，これまでおおよその内容で書いてきた「研究の目的」や「仮説」にまつわる文章を，実際の研究で使用した変数名（尺度名）や調査内容を意識しながら，論文の形に書き直すのです。

論文の中で「目的や仮説」を表す頭の部分は，なぜそのような研究に取り組んだのかという理由を示す大切な部分であり，研究の問題から方法へとつなげる役目を果たします。

けれども，いきなり論文の頭から書いていくのはなかなか骨が折れる作業です。そこで，ここではほんの少しだけ書いてみましょう。ただし，3-7でまとめたように，目的や仮説を仕上げていく際にも，リサーチクエスチョンの内容を忘れないように注意しましょう。

【ステージ8】「結果」の部分を書こう

　もう一点注意することがあります。論文の中では，「目的」や「仮説」から，「方法」，「結果」，そして後で書くことになる「考察」の部分まで，筋が通っていることが大切です。時間の流れから言えば，先に仮説を立ててから，研究を行ったわけですが，論文を書く際には，既に書いてある「方法」の部分を横目で見ながら，それと対応するように仮説を書くのがポイントです。その理由は，卒業論文を頭から読んだ場合，仮説を読んだ読者は，その仮説を検証する手続きが「方法」の部分に書かれているはずだと思いながら読みますが，既に方法も結果もわかっている執筆者としては，それを念頭に置きながら頭の部分を書くことで，論文を一貫させることができるからです。従って，結局検証することができなかった仮説がもしあったとしたら，それはこの頭の部分に書くのではなく，最後に考察のところで，今後の研究課題として言及するのが望ましいでしょう。

　では，あなたが最初に立てていたリサーチクエスチョンや仮説で，結果的に取り組むことができなかったものがもしあれば，ここにメモしておきましょう。

結果的に取り組めなかった課題：

　これは，仮説を立てずに探索的な検討を行う場合も同じです。読者は「目的」の部分を読んでいる際，それに引き続く「方法」の部分で，実際にその研究で何か新たな発見がなされるような手続きが書かれているはずだと思っているのです。それを逆手に取って，論文が一貫するように「目的」の部分を書くのです。

　6-7で，「方法」の部分を執筆しましたね。そこで執筆した内容を前提として，どうしてその方法を導き出すことになったのかを意識しながら，「目的」の部分や「仮説」の部分を執筆していってください。いくつかのフレーズを挙げますので，それに引き続いて文章を作成してみましょう。

本研究の目的は：
本研究テーマが重要な理由は：
本研究では，探索的に以下の内容を検討する：
本研究では，以下の仮説を検討する：

　書けたら，これらを卒業論文の「方法」の前の部分に入力しておきましょう。後から編集しますので，メモ程度でもまったく問題ありません。何か書いておくことが大切なのです。

　8-1はこれで終了です。終了日時を書き込みましょう。

8-2 仮説に対応する結果をまとめよう

開始日時（　　　　　）終了日時（　　　　　）かかった時間数（　　　日　　　時間）

① 仮説に対応する結果はどれ？

ステージ7で行った分析の一連の結果の中で，あなたの研究の柱となる結果を特定したことを覚えていますか。もしも探索的な検討を行っているのであれば，その探索的な発見のうち一番重要な部分，もし仮説を検証したのであればその結果，それはどのような内容だったでしょうか。

◆あなたの結果の中で柱となる知見は何でしょうか。そしてその知見を得るためにどのような統計的分析手法を取ったでしょうか（例：重回帰分析）。

　

ここに記入した結果が，論文の中で最も言いたいことになります。一連の結果の記述は，この最も言いたい結果に向けて記述していきます。なお結果の記述の順番に関しては，図や表を作成した後の8-5で考えていきますので，ここでは，メインの結果，卒業論文の柱となる結果のみを論文の形としてまとめることに集中しましょう。

② 必要な情報

結果を記述するときには，それぞれの分析に特有の情報を報告する必要があります。例えば……

分析内容	必要な情報
t 検定	t 統計量, 自由度, 有意水準もしくは有意確率, (効果量 [Cohen の d など]), 2群の平均と標準偏差 (SD)
1要因の分散分析	F 統計量, 自由度 (数字2つ), 有意水準もしくは有意確率, (効果量 [η^2 など]), 有意な場合⇒多重比較の検定結果, 各群の平均と SD
2要因の分散分析	各要因と交互作用について, 1要因の分散分析と同じ情報 交互作用が有意⇒単純主効果の検定⇒必要に応じて多重比較

3要因の分散分析	各要因と交互作用について1要因の分散分析と同じ情報 2次の交互作用が有意⇒単純交互作用の検定⇒単純・単純主効果の検定⇒必要に応じて多重比較 1次の交互作用が有意⇒単純主効果の検定⇒必要に応じて多重比較
相関分析	相関係数(通常特別の記載がなければピアソンの積率相関係数,他の相関係数の場合は名称を記載),有意水準もしくは有意確率
重回帰分析	標準偏回帰係数(β, b^*),有意水準もしくは有意確率,必要に応じて偏回帰係数(B)および標準誤差($SE\ B$),95%信頼区間(95%CI),R^2,F値
因子分析	因子抽出の手法,因子の回転方法,固有値,因子数選定の基準,寄与率,項目選定の基準と選定結果,因子の解釈など
クラスタ分析	クラスタリングの手法,クラスタ数設定の基準,(分散分析等の結果を踏まえて)グループの解釈と命名
共分散構造分析(構造方程式モデリング)	モデルを設定するための仮説,モデルの設定内容(観測変数と潜在変数の内容),モデルの改良過程,適合度指標(χ^2値, GFI, AGFI, CFI, RMSEA, AICなど)

◆これらを踏まえて,あなたの重要な結果部分を論文形式に書き直してみましょう。その際,以前チェックした先行研究の中から,類似の統計的手法を用いているものを選び,その書き方も参考にするとよいでしょう。

終わったら,この内容を,卒業論文のファイルの「方法」の後ろの部分に,「結果」という部分をつくり,そこに書いていきましょう。後で編集しますので,細かいことを気にせず,書けるところからどんどん書いていきましょう。

8-2はこれで終了です。終了日時を書き込みましょう。

8-3 表（Table）をつくろう

開始日時（　　　　　）終了日時（　　　　　）かかった時間数（　　　日　　　時間）

① 柱となる結果以外も文章にしていこう

8-2では，いくつか行った分析の中から，論文にとって最も柱となる結果をまとめました。もちろんこれ以外にも卒業論文に載せるべき結果（周辺部分の結果や，メインの結果を導き出すために必要だった結果など）があると思います。そこで，それらを，8-2で行ったことを参考にしつつ，書いていきましょう。

② 表（Table）にまとめる

結果をよりわかりやすく示すためには，表を使うことが大切です。結果のどの部分を表にまとめ，どの部分を文章で記述するかを慎重に考えましょう。ここには明確な基準はありませんが，適切な情報量と情報のわかりやすさを両立させることが重要です。本文の中に細かな情報が書かれていれば内容は詳細にわかりますが，情報の羅列になってわかりにくいかもしれません。表は数字や文字が並びますので，数字や文字を比べて論じるためには有効な示し方です。しかし表ばかりだと，どこに注目してよいかがわかりにくくなってしまうかもしれません。効果的な使い方を考えましょう。

③ 表（Table）の例

Table 1 は，相関表の例です。この表には，全体の右側に女性だけの相関行列，左側に男性だけの相関行列が記載されています。表中の「女性」「男性」の文字は，2つ以上の列の内容を特定するための見出しであり，これで男女の情報が分けられています。その下には「$n =$」と数字が括弧に入れられています。これが男女それぞれのサンプルサイズです（女性が160名，男性が298名）。その下にはN，E，O，……とアルファベットが並んでいますが，このアルファベットは一番左側の変数名に対応しています。表の下の方には「M」と「SD」，つまり平均値と標準偏差が記載されています。また表の欄外には「* $p <$ .05，** $p <$ .01，*** $p <$ .001」という記号が並んでいます。これは表中のアスタリスクを説明するもので，有意水準を表現しています。なお，統計記号はイタリック体になっているので注意しましょう。

例を見てわかるように，表には基本的に縦線を使用しません。表は Excel や Word で作成することが多いと思いますが，セルの結合や文字揃え，桁数の設定を利用してわかりやすい表を目指しましょう。

(例) Table 1　男女別の Big Five パーソナリティ特性間の相関係数

Big Five	男性 (n = 298)					女性 (n = 160)				
	N	E	O	A	C	N	E	O	A	C
N: 神経症傾向	−	-.22 **	-.23 **	-.32 ***	-.30 ***	−	-.19 ***	-.15 **	-.25 ***	-.32 ***
E: 外向性		−	.28 ***	.08	.07		−	.24 ***	.04	.12 *
O: 開放性			−	.19 *	.21 **			−	.01	.07
A: 協調性				−	.25 **				−	.20 ***
C: 勤勉性					−					−
M	4.47	4.03	4.04	4.78	3.02	4.61	3.92	4.02	4.74	3.07
SD	1.33	1.50	0.96	1.16	1.34	1.24	1.48	1.24	0.98	1.21

* $p < .05$, ** $p < .01$, *** $p < .001$

　この例（Table 1）のように，相関係数や基本統計量を表にまとめることはできそうですか？自分の結果の中から，表にできそうな内容をメモしておきましょう。

④　先行研究を見て表のきまりをチェックしよう

　ではいよいよ，卒業論文に表を入れていきます。その前に，どんな表をつくることができそうか，もう少し準備が必要ですね。これまでに読んだ先行研究の論文をチェックし，どのような情報がどのようなフォーマットの表にまとめられているかチェックしましょう。

表の内容	載せるべき情報	自分の論文に使えそうか
(例) 因子分析	Promax 回転の場合には因子パターン行列と因子間相関行列を示す	2つめの結果のところに使えそう。

⑤　表（Table）をつくろう

　これらの例を参考にしながら，各自で工夫して表をつくってみましょう。なお，自分が使用した分析名（例えば2要因分散分析）で検索すると，参考になる表が掲載された論文が見つかります。そこで使われている表も参考にするとよいでしょう。「APA 論文作成マニュアル」（アメリカ心理学会　前田・江藤・田中訳，2011）や「執筆・投稿の手びき 2015 年版」（日本心理学会機関誌等編集委員会，2015）にも注意点が記載されていますので，参照してください。

　先にも述べたように，表中には縦線を使用しませんので，どのようなフォーマットであれ，うまく数字を揃えると見やすくなります。

　8-3 はこれで終了です。終了日時を書き込みましょう。

8-4 図（Figure）をつくろう

開始日時（　　　　　）終了日時（　　　　　）かかった時間数（　　日　　時間）

① 結果を図（Figure）にまとめる

　図（Figure）は何のために用いるのかというと，結果を一目で明らかにするためです。ある結果を，本文中で示すか，表（Table）で示すか，図で示すかは，その結果をどの示し方で示すのが最も効果的かによります。

　図は，見せたい部分を強調できる一方で，細かな情報は省略される点に注意が必要です。そのことを踏まえた上で，効果的に図を使いましょう。

② 図（Figure）の例1

　Figure 1は，5回の調査時点における，ある変数の平均値を，2つの群それぞれについて図示したものです。このような結果が得られている場合には，平均値を文中や表で示すよりも図で示した方が，時間に伴う変化や群間の差が理解しやすくなりますので，効果的な図の使い方だと言えるでしょう。

　基本的に図はモノクロで描き，背景や余分な線，外枠を消しましょう。図の中に出てくる数値や記号については，本文の情報が仮になくても，図だけ見て理解できるように，説明を工夫します。この図は横軸が調査時点で連続的なので折れ線グラフを採用しています。横軸がカテゴリの場合には折れ線グラフよりも棒グラフを使うのがよいでしょう。

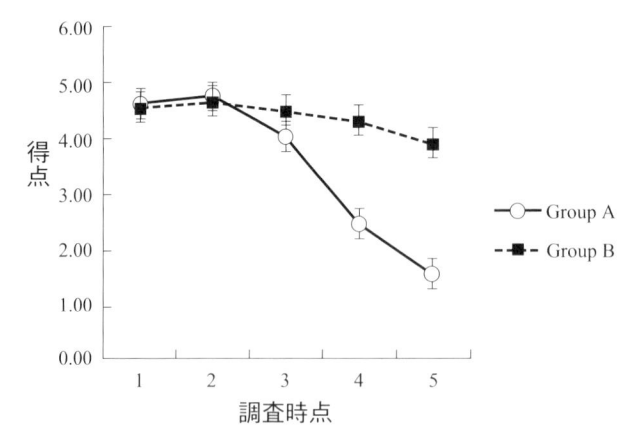

（例）Figure 1　群ごとの時間経過に伴う平均値の変化
　　　注：エラーバーは標準誤差を示す。

③ 図（Figure）の例2

Figure 2は，パス解析という統計手法を行うための概念モデルを図示したものです。ステージ8では，結果の整理に焦点を当てていますが，以下に示した例のように，結果ではなく問題部分や仮説の説明段階で図を使うのも有効な場合があります。なお，この図のパス（矢印部分）に数値と有意水準を記載すれば，結果の図として使用することもできます。

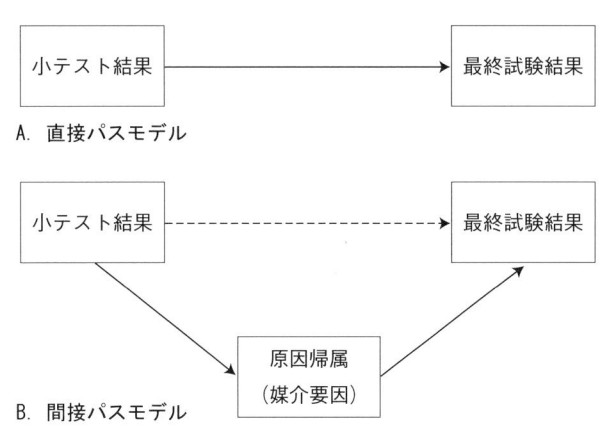

```
┌─────────┐           ┌─────────┐
│小テスト結果│ ────────→ │最終試験結果│
└─────────┘           └─────────┘
    A．直接パスモデル

┌─────────┐  - - - - →  ┌─────────┐
│小テスト結果│             │最終試験結果│
└─────────┘             └─────────┘
      \                    ↗
       ↘   ┌─────────┐   /
           │ 原因帰属  │
           │（媒介要因）│
           └─────────┘
    B．間接パスモデル
```

（例）Figure 2　小テストと最終試験を原因帰属が媒介するモデル

④ 図（Figure）をつくろう

図の作成は自由度が高く，うまく使えば論文の読みやすさと内容の理解，インパクトを大幅に向上させます。では実際に，あなたの論文執筆に向けて図を作成してみましょう。自分の論文ではどのような内容を図として示すことができそうですか？メモしてください。

```
┌─────────────────────────────────────────────────┐
│                                                 │
│                                                 │
│                                                 │
│                                                 │
│                                                 │
└─────────────────────────────────────────────────┘
```

では，実際につくっていきましょう。表と同じく，出版されている論文を参考にするとよいでしょう。また，「APA論文作成マニュアル」（アメリカ心理学会　前田・江藤・田中訳，2011）や「執筆・投稿の手びき　2015年版」（日本心理学会機関誌等編集委員会，2015）にも例や注意点が掲載されていますので，参照してください。

8-4はこれで終了です。終了日時を書き込みましょう。

8-5 結果のストーリーをつくろう

開始日時（　　　　　）終了日時（　　　　　）かかった時間数（　　日　　　時間）

① ストーリーをつくろう

8-1と8-2で仮説と仮説に対応する結果，ないしはリサーチクエスチョンとそれに対応する結果をまとめ，8-3と8-4で表や図を作成しました。このステップではそれらの情報を並べて，ストーリーをつくることを試みてみましょう。

結果のストーリーを構成するにあたって重要なのは，論文の中で柱となる結果に向けて，情報が順序よく整理されていることです。柱となる結果とは，論文全体の目的や仮説に対応する結果です。どの文，表，図で，どの情報を示しながら結論までたどり着くか，じっくり考えてみてください。これはたとえて言うならば，料理の材料集め，下ごしらえから本格的な調理を行っていくようなものとも言えます。また，少しずつ情報が提示されて最後に犯人が判明する推理小説のようなものとも言えます。けれども，推理小説とは異なり，どのような結果が判明するかを最後まで秘密にしておく必要はありません。さらに，論文の結果のセクションでは，必ずしも分析した順番どおりに情報が並んでいるわけではありません。分析の順序ではなく，結論までの一連の流れを意識すると，良いストーリーが出来上がっていきます。

② 図表を並べる

ストーリーをつくる手順ですが，最初に図表を並べるのがよいでしょう。これまでに作成してきた図表を，情報の提示順序ということを考えながら並べてみてください。なおTableとFigureの通し番号は，論文に出てくる順番ごとに，それぞれにつけます。例えば，

　　　　Table 1　⇒　Table 2　⇒　Figure 1　⇒　Table 3　⇒　Figure 2

となります。図表のタイトルはその内容を適切に表すものをつけるように工夫しましょう。

◆図（Figure）と表（Table）を並べ，そのタイトルを記入してください。

順番	Table, Figure 数字	図表のタイトル
1.		
2.		
3.		
4.		
5.		

③ 結果の情報をまとめる

次に，図や表に示した結果以外に卒業論文で報告したい結果も含めて，ストーリーを考えていきましょう。

例えば，因子分析の結果を受けて下位尺度名が決まり，下位尺度間の相関関係を検討するなど，前の結果を受けて次の結果を示すといった一連の流れがある場合には，それを意識して順番を考えてみましょう。分析したすべての結果を書く必要はありません。結論にまったく関係のない（つまり，考察でまったく触れないような）結果は，たとえ分析を行ったとしても，論文に含めるべきではありません。

これまでに読んできた先行研究の論文をチェックして，結果のストーリーがどのような流れで整理され，また記述されているか，まとめてみましょう。

例	論文1	論文2	論文3
1. 因子分析			
2. 相関関係			
3. t 検定			

◆ではいよいよ自分の論文で，結果をストーリーにしていきましょう。結果を示す順番とその情報の内容を書いてみましょう。また括弧内には，この結果を示す図表の番号（Table 1, Figure 1 など）がもしあれば，それも記入しておきましょう。

順番	示される情報（例：A群とB群の○○の平均値の差，など）
1.	図表⇒（　　　　　　　　）
2.	図表⇒（　　　　　　　　）
3.	図表⇒（　　　　　　　　）
4.	図表⇒（　　　　　　　　）
5.	図表⇒（　　　　　　　　）
6.	図表⇒（　　　　　　　　）

8-5はこれで終了です。終了日時を書き込みましょう。

8-6 英語の論文で図表がどうまとめられているか見てみよう

開始日時（　　　　）終了日時（　　　　）かかった時間数（　　日　　時間）

① 英語で図表がどうまとめられているか見てみよう

結果のストーリーができましたか？複数ある結果をどうプレゼンテーションするかの順番が決まれば，後はそれに従って書いていくだけです。ここでは，「結果」の部分を書いていくにあたり，英語の論文で図や表がどうまとめられているかも参考にしてみましょう。

では，自分の研究に直接関係している英語の論文を手元に用意してください。それらの論文には図や表が掲載されていますか。それはどのような内容でしょうか。

	論文1		論文2	
Table 1	あり・なし		あり・なし	
Table 2	あり・なし		あり・なし	
Figure 1	あり・なし		あり・なし	
Figure 2	あり・なし		あり・なし	

② 英語での表のつくり方を調べてみよう

この中に，Table がありましたか？論文の書き方はそれぞれの専門分野によって異なりますが，心理学の論文の多くは，これまでに紹介してきた APA のマニュアルを採用しています。

・表には必ずタイトルを設け，表の上部に示す。表の下には注釈をつける。
・すべてのコラム（列）には，各欄が何を示しているか書く。
・縦線は引かない。数字を縦に，右揃えに整列させる。

例を示します。8-3 の日本語でつくったものとほぼ同じであることがわかると思います。図や表は英語の苦手な人が論文の内容を掴む強力なツールになります。

（例）Table 1. Descriptive statistics, reliability, and intercorrelations of the self-report inventory ($N = 1000$)

	Score range	*Mean*	SD	Cronbach's Alpha	Correlation Coefficients[a]			
					Scale 2	Scale 3	Scale 4	Scale 5
Scale 1	0-30	15.00	8.99	.92				
Scale 2	0-20	12.00	7.88	.94	.61			
Scale 3	0-20	11.00	6.99	.89	.59	.69		
Scale 4	0-10	6.10	2.55	.88	.58	.48	.44	
Scale 5	0-10	5.20	3.33	.89	.61	.62	.60	.53

a) All correlation coefficients are $p < .001$.

【ステージ8】「結果」の部分を書こう

手元にある英語の論文を再度確認して，Table を1つ選び，そこに記されている情報をもう少し詳しくメモしてみましょう。

Table の中で示されている内容は：

これらの表を参考にして，自分が既につくった表をもう一度見直してみましょう。何か気づいたこと，抜けている情報などがもしあれば，今すぐ表の手直しをしてください。

それから忘れてはいけないことは，表を入れた場合に，本文で必ず解説することです。例えば Table 1 にある変数の平均や標準偏差を示したのであれば，そのことを文章にも含めましょう。記述に漏れはありませんか？

③ 英語での図の描き方を調べてみよう

では次に，英語の論文で図の描き方を調べてみましょう。APA のマニュアルでは，図を描く際のルールとして以下のような点が挙げられています。

・データを正確に表現する。
・縦横の縮尺をはっきりと示す。
・関連した図が複数ある場合には，それぞれの縮尺を統一させる。
・独立変数と従属変数がはっきりしている場合には，縦軸に従属変数を，横軸に独立変数をおく。

では，手元にある英語の論文をチェックして，図からわかる情報をメモしてみましょう。

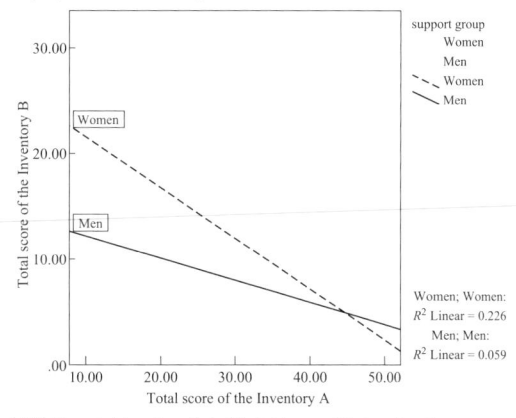

(例) Figure 1. Interaction effect of the total score of the Inventory A on the total score of the Inventory B, depending on the gender.

Figure を見てわかることは：

これらの図を参考にして，自分がつくった図を見直してみましょう。横軸（X軸）や縦軸（Y軸）の内容が正確に記載されていますか。表と同じように，図を入れる場合には，本文にて必ずそのことを説明しましょう。では自分の図の手直しをして，図表を仕上げてください。

8-6 はこれで終了です。終了日時を書き込みましょう。

8-7　「結果」の部分を仕上げよう

開始日時（　　　　）終了日時（　　　　）かかった時間数（　　日　　時間）

①　項目に分ける

「結果」の部分は，いくつかの項目にわけて記述するとよいでしょう。そして，それぞれの項目には項目名をつけましょう。例えば，

（例1）充実感尺度の因子分析
　⇒　充実感の男女差の検討
　⇒　充実感と友人関係との関連
　⇒　友人関係が充実感に及ぼす影響

（例2）実験群と統制群の基礎統計量
　⇒　t 検定の結果
　⇒　分散分析の結果
　⇒　共分散分析の結果

といったように，です。おそらく，8-5で並べた結果の情報や図表が，おおよそ「結果」の部分の項目になっていくのではないかと思います。自分の論文の項目名を書いてみましょう。

第1：
第2：
第3：
第4：
第5：
第6：

（6つである必要はありません。各自の結果の内容に従ってください）

②　結果を書くときの注意点

結果を書くときには，次のことに注意しましょう。

1. 過去形で記述する

　多少の例外はありますが，基本的には，「問題と目的」の部分を現在形，「方法」の部分と「結果」の部分を過去形，「考察」の部分を現在形で記述します。

　（例）「〜であることが明らかになった」

2. 分析をする目的を書いてから，どの分析をしたかを書く

　分析には理由が必要だと覚えておいてください。「○○を明らかにするために，△△分析を行った」「○○を検証するために，□□変数を従属変数とした△△解析を行った」などと書くようにしましょう。

3. 図表を示したら，必ず文章で説明する

　図表を貼り付けるだけでは不十分です。本文では必ず「Table ○に××を示す」，

「Figure ○に××を示す」などその図表へのガイド文を載せ，図表の掲載内容について文章で説明しましょう。

4. 情報を重複させない

3と矛盾するようですが，表中に平均値が示されているなら，本文中に示す必要はありません。ただし，表が複雑でその一部を強調したい場合には，本文中にその情報を重ねて記述しても構いません。

5. 変数名など統一した名称を用いる（途中で変数名を変えない）

何日もかけて文章を書いていると，表記の揺れが生じます。変数の名前が変わる（例えば「充実度」が途中から「満足度」になる）といったことはよく見られます。変数名や用語などはメモを取りながら執筆することで，記述を一貫させましょう。

6. それぞれの分析に適した統計記号，数値，記述内容を心がける

8-2で示したように，それぞれの分析で必要な情報はだいたい決まっています。漏れがないよう入念にチェックしましょう。

7. 考察は書かない

結果はあくまでも結果であり，その結果の解釈は考察の項目で行います。ですから，ここでは，何を見いだしたか，何がわかったかという点に焦点を当てましょう。ただし，「結果と考察」という項目を設ける場合があります。この場合は例外で，結果と考察が同じ項目内に混在しますので，どの部分が結果でどの部分が考察かがわかるように書きましょう。

結果の書き方についても，既存の論文を参考にしましょう。お手本となる論文をよく読み，その書き方，言い回し，どの情報を掲載しているかをよく見てください。

③　とにかく書こう！

これから論文の締め切りまでにあなたに必要とされることは，「とにかく書く」ことです。7-7では，執筆計画を立てましたね。全体の三分の一くらいまで書けた感じがしますか。必ずしも執筆計画の通りのペースで進める必要はありません。毎日少しずつでも書き進めることが大切です。

◆気づいたことをメモに取りましょう。

8-7はこれで終了です。「結果」の部分をうまく書き上げることができたでしょうか。この部分を中心としながら，次のステップでは残りの部分を書き上げていきましょう。

終了日時を書き込んで，次に進んでください。

MEMO

【ステージ 9】
「問題と目的」・「考察」の部分を書いていこう

stage 9

　ステージ9では，論文の「問題と目的」，そして「考察」の部分，さらには論文全体のストーリーをつくっていきましょう。まず，論文の導入部分を執筆します（9-1）。この部分は，これまでに論文の中で「方法」や「結果」として書いてきた研究を，読者に紹介するための入り口となる部分です。多くの人の興味を引く内容を示したいところです。次に，この論文の入り口と仮説をつなげるストーリーづくりをしましょう（9-2）。そして，これらの材料を用いながら「問題と目的」を執筆していきます（9-3）。論文の冒頭（「問題と目的」）を書いたら，真ん中（「方法」「結果」）は既に終わっているはずですので，いよいよ終わりの方にとりかかりましょう。まずは「考察」の部分に書く内容を整理します（9-4）。次に，考察の内容に基づいて今回取り組んだ研究の限界や今後の課題，研究の応用可能性を考えます（9-5）。ここで英語の論文も見て，執筆の仕方の参考にしてみましょう（9-6）。そしてこのステージの最後は，論文の各部分を仕上げることです（9-7）。とうとう，論文の全体像が見えてくることになります。頑張って作業を進めましょう。

　では，所要時間の目安を参考にしながら予定を記入し，ページをめくって始めましょう。

	ステージ9の7つのステップ	所要時間（目安）	予定	チェック
9-1	論文の導入部分を書こう	2時間		
9-2	仮説に向けたストーリーをつくろう	2時間		
9-3	「問題と目的」の部分を仕上げよう	3〜7時間		
9-4	「考察」の部分に書く内容を整理しよう	3時間		
9-5	「考察」の部分を書き，限界と応用可能性，今後の課題を考えよう	3〜7時間		
9-6	英語の論文を見てみよう	2時間		
9-7	ステージ9のゴール：論文の各部分を仕上げよう	5〜10時間		

9-1 論文の導入部分を書こう

開始日時（　　　　　）終了日時（　　　　　）かかった時間数（　　日　　　時間）

① 論文の入り口

　論文の冒頭には，論文全体の入り口となるような内容を書きます。皆さんは，既に論文の真ん中である「方法」と「結果」の部分を書いていますね。ですので，既にある「方法」と「結果」にうまく対応するようにこの部分を書いていきます。もちろん，論文を読む人は頭から読んでいきますので，「方法」や「結果」に何が書かれているかまだ知りません。従って，そこに読者をスムーズに誘導する気持ちで，「なぜそのようなことを研究テーマに選んだのか」「なぜこのような研究をしたのか」が誰にでもわかるように，論文の入り口を書いていきましょう。

　論文の入り口の書き方にはいろいろなパターンがあります。研究上の問い，つまりリサーチクエスチョンから始める場合もあるのですが，多くは世の中で広く問題にされていることや，話題になっていることを取り上げる場合が多いと言えます。それは，世の中で広く問題にされていることや話題になっていることについて研究することが多いので，自然ななりゆきです。あなたの場合はどうでしょうか。さっそくやってみましょう。

　ステージ1で漠然としたあなた自身の思いを文字にし，新聞や雑誌などで話題になっている情報を集めたのを覚えているでしょうか。論文の冒頭では，まさにそのような日常的な疑問を挙げていくことで，読者を無理なく研究の世界に誘導していきます。

◆あなたが研究の最初に考えた，素朴な疑問はどのようなものだったでしょうか？

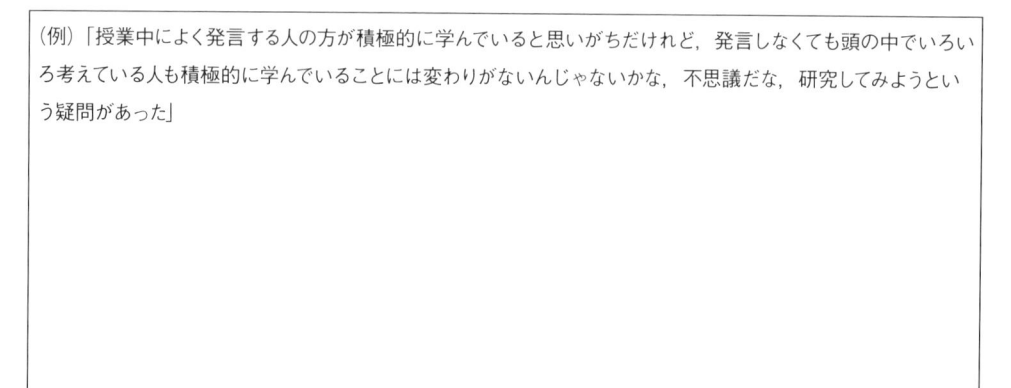

> （例）「授業中によく発言する人の方が積極的に学んでいると思いがちだけれど，発言しなくても頭の中でいろいろ考えている人も積極的に学んでいることには変わりがないんじゃないかな，不思議だな，研究してみようという疑問があった」

　日常的な疑問とはいえ，論文の導入部分ですので，その後の論文の内容につながるものであることが望ましいと言えます。仮説や結果に照らし合わせて，そこにつなげるために最初にどのような話題を提示すればよいかを考えてみてください。

【ステージ9】「問題と目的」・「考察」の部分を書いていこう

◆あなたがステージ1で調べた新聞や雑誌の記事のうち，今回の研究にとって重要だと思うものは何だったでしょうか？

(例)「物忘れ外来が多くの病院にできているという記事を新聞で読んだことがきっかけで，記憶について研究してみようと思った」

② 先行研究の導入部分をチェックしてみる

次に，他の研究者たちは論文の入り口をどのように始めているのか，手元にある論文を見て少し勉強してみましょう。世の中で話題になっていることなど，その「研究テーマ」をよく知らない人にでもわかるような始まりになっているでしょうか。良い例と悪い例を探して，自分の論文の参考にしてみましょう。

③ 導入部分を執筆する

では，いよいよ自分の論文の導入部分を書いてみましょう。導入に必要なのは最初の1段落程度です。ですので，あまり込み入った話を展開する必要はありません。世の中で何が問題となっているからこの研究をすることに決めたのか。世の中の問題のどこに注目するのか，そこから今回の論文の問題意識へとつなげることを心がけて執筆してみてください。

では，書いてみましょう。

◆導入部分を書いてみましょう。

最初の段落（1行目から順番に）：

9-1はこれで終了です。終了日時を書き込みましょう。

9-2 仮説に向けたストーリーをつくろう

開始日時（　　　　　）終了日時（　　　　　）かかった時間数（　　日　　時間）

① 論文のストーリー

8-1で仮説および研究の目的を書き，9-1で論文の導入部分を書きました。このステップでは，両者の間の文章を埋めていきます。

導入から研究の目的・仮説に至るまでには，いくつかの専門用語を登場させる必要があります。そして，それぞれの用語については「問題」の部分で説明を加えていく必要があります。あなたの論文ではどのような専門用語が登場するでしょうか。専門用語には例えば，「自尊感情」「抑うつ」「対人ストレス」といった概念を表す言葉，「〇〇尺度」「△△得点」といった測定方法を表す言葉，あるいは「半構造化面接」「プライミング実験」といった研究方法を表す言葉，また「中学生」「傍観者」「患者」といった対象や役割を表す言葉など，いろいろなものがあります。では，確認のために書き出してみましょう。

◆あなたの論文にはどのような専門用語が出てくるでしょうか。

1.	2.
3.	4.
5.	6.
7.	8.
9.	10.

② 専門用語を並べる

書き出した専門用語の中で，冒頭の文章に引き続いて説明するのがよい専門用語はどれでしょうか。

◆最初に説明する用語はどれでしょうか。

・用語は…（　　　　　　　　　　　　　　　　　　　　　　　　）

・その用語を使っている先行研究は…（　　　　　）本ある

・ここで引用したい代表論文は…（　　　　　　　　　　　　　　　　　　　　）

・その用語の簡単な説明を書いてみましょう

この用語に関連して，どのような内容をどのような順番で説明をしていけばよいでしょうか。順に並べてみましょう。

(例) 楽観性	1つめのキーワード：
1. 楽観性の定義	1.
2. 楽観性を研究する意義や重要性	2.
3. 楽観性の研究の歴史	3.
4. 楽観性を独立変数とした研究のレビュー	4.
5. 楽観性の個人差に関する研究のレビュー	5.
6. 楽観性について最近わかってきたこと	6.

◆これ以外の専門用語を論文に登場する順に並べ，同じ表をつくりましょう（2つめ以降）。

2つめのキーワード：	3つめのキーワード：	4つめのキーワード：
1.	1.	1.
2.	2.	2.
3.	3.	3.
4.	4.	4.
5.	5.	5.
6.	6.	6.

③ まとまりをつくる

用語を並べたら，「まとまり」をつくりましょう。文字数に厳密なルールがない場合の「卒業論文」では，「問題」の部分が長くなります。そのような場合には，「問題」の部分をいくつかの項目に区切り，それぞれの項目に項目名をつけて順に説明していった方が，内容がうまく整理されます。手元にある論文を見て，「問題と目的」のそれぞれの段落にどのような内容が書かれているか，構成をチェックしてみましょう。

◆あなたの研究ノートを開き，専門用語をいくつかのグループにまとめてみましょう。専門用語を書き，円や四角で囲っていくつかのまとまりをつくります。例えば「攻撃性」「友人関係」「怒り」「ストレス」という専門用語があれば，「攻撃性」と「怒り」は他よりも近い位置にありそうです。それはつまり，論文の中でも近い位置で説明される専門用語である可能性が高いと言えます。図の描き方は自由です。やってみましょう。
9-2はこれで終了です。終了日時を書き込みましょう。

9-3 「問題と目的」の部分を仕上げよう

開始日時（　　　　　）終了日時（　　　　　）かかった時間数（　　日　　時間）

① どんどん書いていこう

9-2で考えた専門用語の登場順とまとまりは，「問題と目的」の部分の設計図となるものです。ここではその設計図を参考にしながら，「問題と目的」の部分を執筆していきましょう。これまでと同様に，「とにかく書いてみよう！」というのが基本的なアドバイスです。

② 「問題と目的」の執筆の注意点

「問題と目的」の部分を執筆する上での注意点を箇条書きにしてみたいと思います。

1. 現在形で執筆

「近年，……ということが問題になっている」「本研究では，……について検討する」「仮説として，……ということが予想される」など，現在形で執筆します。

2. 引用と自分の主張を区別

内容のどの部分が先行研究の引用で，どの部分が著者であるあなたの意見なのか，区別がつくように執筆しましょう。例えば，「○○については，××であることが見いだされている（宅・小塩，2013）。これは，……を示していると言える。」（最初の文章が引用，後半が意見）といった書き方などです。これも実際の論文を見て，書き方を参考にしてください。ちなみに，先行研究の中で引用されている研究について自分の論文で紹介する場合には，特に注意を要します。自分が実際にその論文を読んでいないにもかかわらず，先行研究の中で他の研究者が引用しているからと言ってそれを鵜呑みにして書くことは「孫引き」と言って，避けるべきことです。気をつけましょう。

3. 1段落1テーマ

それぞれの段落の最初の文章には，その段落が意図している内容が書かれるように心がけましょう。そして，1つの段落にはあれこれと多くの内容をつめ込まず，その段落が意図する1つのテーマの内容を明確にするように考えてみましょう。

4. 著者は登場しない

「私は，……と考える」「私は，……を検討する」と主観的に書くのではなく，「……であると考えられる」「……が検討される」と客観的な執筆を心がけましょう。できれば，「○○であることから，……であると考えられる」「○○を明らかにするために，……が検討される」など，そう考えた理由や，検討する目的を明確に示す方がよいでしょう。

5. 論の流れを意識

論文の中で，何の脈絡もなくいきなり専門用語を登場させないようにしましょう。「問題」の部分内の項目どうしの前後関係，項目の中の段落どうしの関係，前後の文と文の関

係，これらの関係性を意識しながら執筆するように心がけてください。「問題」の部分は，研究の目的，仮説そして「方法」の部分へとつながっていきますので，全体の流れを意識しましょう。ひと通り書いてから，思い切って段落を入れ替えたり，文章を入れ替えたりしながら修正することも視野に入れておきましょう。

6.「問題」から「目的」へ

　「目的」が独立した項目として書いてある論文，「問題」の中の1段落，もしくは「問題」の中に文章として示されているだけの論文，さまざまな形態があります。重要なことは，「問題」の部分の内容を受けて1-7や2-7で設定した研究テーマ・リサーチクエスチョンを「目的」の部分に反映させることです。

◆あなたの論文の目的は何でしょうか。次の文章に続いて1～3文程度で書いてみましょう。どう書いたらよいかわからない場合には，手元にある論文をチェックして，目的がどのように記述されているかを参考にしてみましょう。

```
本研究の目的は，……




```

③　書いていこう

　ワープロソフトで執筆する場合には，論文全体を後から編集することも難しくはありません。しかし，後で編集するにしても，まずはその内容（コンテンツ）を充実させる必要があります。その内容の核となるのが，9-2でピックアップした専門用語です。それぞれの専門用語の説明を，先行研究や各種文献を引用しながら執筆していきましょう。

　執筆する中で何か問題点や迷うことがあったら，教員や大学院生，先輩などに相談するようにしましょう。皆さんは，既に「方法」の部分や「結果」の部分を書き終わっていますので，そこに出てくるすべての内容がこの「問題と目的」の中でカバーされているように，抜け落ちている部分がないよう気をつけましょう。例えば，「結果」の部分で性差についての統計結果を示しているのであれば，この「問題と目的」の中で，性差について検討する必要性や，性差について先行研究でわかっていることなど示しておきましょう。そうすることで，論文の頭の部分と真ん中の部分がつながっていきます。

　9-3はこれで終了です。終了日時を書き込みましょう。

9-4 「考察」の部分に書く内容を整理しよう

開始日時（　　　　　）終了日時（　　　　　）かかった時間数（　　日　　時間）

① 「考察」の部分に何を書くか

「考察」の部分には，次のような内容を書いていくとよいでしょう。

1. 研究目的・仮説・結果の簡単なまとめ
2. 得られた結果が仮説や目的に達したかどうか
3. 新たな発見は何かあったのか
4. 得られた結果と先行研究を照らし合わせると何が言えるのか
5. なぜこのような結果が得られたのかに関する自分なりの解釈や理由付け，説明
6. 今回の研究結果を解釈するにあたって読者が知っておくべき研究の限界や問題は何か
7. それらを踏まえた上で，この研究結果を現実の社会に応用するならどのような可能性が考えられるか
8. この研究をもとにして今後はどのようなことを検討していけばよいか

② 情報の整理

まず必要な情報は，仮説が検証されたかどうか（探索的な目的を満たすことができたのか・リサーチクエスチョンに答えが出たのかどうか・研究の目的が達成されたのかどうか）です。次の枠内にメモを書いてみましょう。

◆仮説は検証された（探索的な目的は満たした）でしょうか。

仮説・目的は……　・検証された（目的を満たした）　・　不十分 そこからどのようなことが考えられるか（なぜ十分に検証されなかったのか）：

次に必要な情報は，事前に予想していなかった新たな発見です。あなたが分析した結果の中に，そのような新たな発見に相当するものはあったでしょうか。

◆あなたが見いだした新たな発見を書きましょう。

発見例：外向的な性格傾向が精神的健康に影響していた。
発見1：
発見2：
発見3：

　あなたが見いだした新たな発見それぞれについて，先行研究に照らしあわせて解釈・考察を行っていきます。解釈するのに役立ちそうな文献はあるでしょうか。

◆新たな発見の解釈に役立ちそうな文献を挙げ，メモを書きましょう。

発見	文献とメモ
発見例	宅・小塩 (2012) による知見 ・外向性は心的外傷後成長やレジリエンスにも関連する。
発見1	
発見2	
発見3	

③　全体をまとめると何が言えるか

　個別の結果について解釈を行っていくことも重要ですが，全体を通して何が言えるのかを考えていくことも重要です。研究の醍醐味は，自分の研究が，研究全体の大きな地図あるいは歴史の中に位置づけられることにあります。今回の研究で得られた結果全体をまとめると，何が言えるでしょうか。また，どのような意味・意義があるでしょうか。

◆結果全体をまとめて言えることを考えてみましょう。

◆結果全体のまとめの解釈に利用できそうな文献を挙げ，自分の結果と比較しましょう。

　9-4 はこれで終了です。終了日時を書き込みましょう。

9-5 「考察」の部分を書き，限界と応用可能性，今後の課題を考えよう

開始日時（　　　　　）終了日時（　　　　　）かかった時間数（　　日　　時間）

① 「考察」の部分を書いていこう

9-4では，「考察」の部分に書くべき内容をまとめました。このステップでは，実際に「考察」を書いていくことにしましょう。まずは，書く上でのポイントを整理してみます。

1. 「考察」の部分は現在形で
　「考察」の部分は現在形で執筆します。結果をもう一度示すときは，その部分については過去形で示しましょう。例えば，「○○分析の結果，……という結果が得られた。これは，〜〜のためであると考えられる」といったように，です。

2. 研究の目的・仮説・結果のまとめ
　「考察」の冒頭では，この論文の目的が何だったのか，どんなリサーチクエスチョンを掲げ，どう仮説を立て，何が結果として明らかになったのかを簡潔に述べるとよいでしょう。なお，これらは既に「問題」から「結果」の部分にかけて詳しく書いていますので，長々と書く必要はありません。簡潔に要約してください。

3. 仮説は検証されたのか，リサーチクエスチョンに答えが出たのか
　あなたが立てた仮説は検証されたのでしょうか。もしも検証されなかったり，部分的にしか検証されなかったりしたのなら，その理由を述べる必要があります。また，仮説検証型ではなく，仮説生成型の研究を行った人やリサーチクエスチョンに探索的に取り組むタイプの研究を行った人は，その目的が達成されたでしょうか。もし達成されなかった場合にはその理由を考え，自分なりに解釈した内容を書きましょう。

4. 新たに何がわかったのか
　今回の研究で新たにわかったことは何でしょうか。そのことが事前に仮説として立てられなかった理由は，これまであまり注目されてこなかったからでしょうか。新たにわかったこと，なぜこれまでわかっていなかったのか，結果を解釈していきましょう。

5. 先行研究との比較
　得られた結果を解釈する際には，自分だけの考えに頼るのではなく，先行研究を踏まえて解釈するようにしましょう。もしかしたら，先行研究で今回の結果をうまく解釈するヒントが書かれているかもしれません。また，先行研究の結果と自分の研究の結果をつなげることで，その研究の意義も一段と増すでしょう。

6. 限界，応用可能性，そして今後の課題
　これから書いてみましょう。詳しくは次の項目を見てください。

　これらのポイントを踏まえながら，「考察」を書いていってください。手元にある論文の「考察」の部分を参考にしながら，もしも何かわからないことや問題があれば，教員や

大学院生，先輩などに尋ねるようにしましょう。

② 限界と応用可能性，今後の課題を書こう

「考察」の最後を締めくくる，今回の研究の限界と応用可能性，今後の課題について書いていきましょう。これらを執筆する際のポイントは，次の通りです。

1. 限界

今回の研究を読者が理解するにあたって，読者に知っておいてもらいたい本研究の限界は，どこにあるでしょうか。方法上の問題，変数の選択に関して弱点はなかったでしょうか。また結果を考察していて，論理的に飛躍せざるを得なかった部分や，データが十分でないために推測で述べざるを得なかった部分はどこでしょうか。そこを知っておいてもらうことで，読者が本研究をより良く理解できるでしょう。

2. 応用可能性

今回の研究の結果を，私たちの実際の生活に応用していくことはできるでしょうか。もし今回の研究の結果を踏まえて，何かアドバイスできることがあるとしたらそれは何でしょうか。「研究」のための「研究」になってしまわないよう，私たちの日常の生活をより良くするために研究がどのような示唆を与えてくれるのか書いていきましょう。

3. 今後の研究課題

これらを踏まえた上で，今後，どのようなことを行っていけばさらに意味のある研究ができるでしょうか。今回の方法の改善点や，次の研究で取り上げるべき変数・視点について書いていきましょう。

◆今回の研究の限界と，それに対応する今後の研究課題を整理しましょう。

```
（限界）



（応用可能性）



（今後の課題）


```

考察の最後に研究の限界と応用可能性，そして今後の研究課題を整理して執筆すれば，「考察」の部分はひと通り完成です。

9-5はこれで終了です。終了日時を書き込みましょう。

9-6　英語の論文を見てみよう

開始日時（　　　　　）終了日時（　　　　　）かかった時間数（　　日　　時間）

① 卒業論文に引用できそうな英語の論文を選んでみよう

　卒業論文の大半が書けましたか？論文の最初である「問題と目的」と最後の「考察」の部分を駆け足で進めてきましたので，まだ十分に書けていない人もいるかもしれません。ここでは，論文を仕上げていくにあたり，英語の論文で研究がどうまとめられているかを参考にしてみましょう。皆さんが取り組んでいる卒業論文のための研究には，いろいろな意義があります。科学的論文の読み方・書き方を学ぶこと，研究上の問いを立てそれを実証的に研究するというスキルを身につけること，より広く問題解決能力を向上させること，仲間や先生たちとのコミュニケーション能力を高めることなどです。その中に，より広い研究の世界を知ること，そして世界で行われている研究と今自分が行っている研究のつながりを意識することも含まれます。その意味で，卒業論文では１本でもいいですから，英語の論文を引用しましょう。選んだテーマについて世界ではどのような研究がなされてきたかという視点から「問題と目的」の部分に引用してもいいですし，自分の研究で得た結果が世界で見いだされている知見とどのように違うか（あるいは同じか）を比較検討する視点から「考察」の部分に引用することもできます。では，１本選んでみましょう。

卒業論文で引用する英語の論文は：

引用する箇所は：(問題と目的部分　・　方法部分　・　結果部分　・　考察部分　・　その他まだ検討中)

---

② 英語の論文の「問題と目的」の部分をチェックしてみよう

　選んだ英語の論文を卒業論文に引用できましたか？引用文献の箇所にもその情報を記しておきましょう。さて，英語の論文により親しみを持ち，その内容を十分に理解するためには，内容だけでなく構造や言い回しにも注目しましょう。

　英語の論文の最初のページ，アブストラクトの下から「問題と目的」にあたる部分が始まっています。具体的な構成は論文によって異なりますが，日本語の論文と同じように，より広い観点から説明したその研究テーマの意義や問題意識の所在，先行研究でわかっていること，またわかっていないこと，あるいは一貫した知見が得られていないこと，そして本研究の目的，具体的な仮説などが記されているはずです。

　さて，皆さんが選んだ論文には，著者を主語にした文章，つまり「We」からスタートする文章があるかもしれません。日本語の論文では，「私は」あるいは「私たちは」という言葉は論文の中にあまり登場しませんね。むしろ主語が省かれていたり，文章が受身という書き方をしたりすることが多いでしょう。そういう書き方のことを「Passive

Voice」と言います。それに対し，英語の論文で特に近年よく見られる「We」や「I」からスタートする書き方を「Active Voice」と言います。例を示します。

Active Voice		Passive Voice	
We studied…	我々は以下のことを研究した	… was studied.	〜について研究が行われた
We hypothesized…	我々は以下のような仮説を立てた	It was hypothesized that …	〜のような仮説が立てられた
We analyzed the data by…	我々は以下のような方法でデータ分析を行った	The data was analyzed by …	データは以下のような方法で分析された

　今，私たちがこの本を執筆している2015年現在では，Passive Voiceが日本語の論文において中心的な役割を担っています。英語の論文もPassive Voiceが中心だった頃もありましたし，今でも分野によってはPassive Voiceを使っているものもあります。けれども，多くの学術雑誌でActive Voiceが推奨されるようになってきました。皆さんも教員とよく相談しながら文体を決めて，一貫した文体で最初から最後まで書くようにしましょう。そしてなるべく一文を短く簡潔に記述するよう心がけましょう。

③　英語の論文の「考察」の部分もチェックしてみよう

　次に，「結果」に引き続く「考察」の部分を見てみましょう。日本語の論文と同じように，最初の段落ではその論文の全体の要約，つまり何を検討して何がわかったかがまとめられていることが多いです。それに引き続いて，その研究で得られた知見が順番に提示され，その知見と先行研究の比較，その上で，得られた結果に対する著者の解釈，考え，説明などが記載されているはずです。そしてその論文の読み手が結果を解釈するにあたって知っておいてもらいたい内容が，研究の限界や弱点としてまとめられていることでしょう。それを踏まえて将来的な課題も述べられているでしょうし，その研究結果がどのように我々の現実生活に応用可能であるかにも言及されていることと思います。

　では手元にある英語の論文をチェックして，考察からわかる内容をメモしてみましょう。そして，自分の卒業論文に使えそうな情報を抜き出していきましょう。

「考察」の部分を読んでわかったことは：

　9-6はこれで終了です。終了日時を書き込みましょう。

9-7 論文の各部分を仕上げよう

開始日時（　　　　　）終了日時（　　　　　）かかった時間数（　　日　　　時間）

① 各部分の仕上げ

このステップでは，「問題と目的」，「方法」，「結果」，「考察」の各部分の執筆をさらに進め，本文を仕上げていきます。それぞれの部分の素材は出揃っていますので，とにかく執筆してそれぞれの部分の文章を書きためていくことがこのステップの課題です。

さあ，始めましょう。

◆「問題と目的」の部分を仕上げましょう。次の内容を書くことができましたか？

押さえておきたい内容	執筆できたらチェック	それを書いたページ番号
論文の導入部分	☐	
概念の定義・説明	☐	
重要な先行研究の紹介	☐	
本研究の目的	☐	
本研究の仮説・研究上の問い	☐	
その他気づいたことをメモしておきましょう：		

◆「方法」の部分を仕上げましょう。次の内容を書くことができましたか？

押さえておきたい内容	執筆できたらチェック	それを書いたページ番号
対象者の属性・特徴	☐	
使用した材料・道具	☐	
手続き	☐	
その他気づいたことをメモしておきましょう：		

【ステージ9】「問題と目的」・「考察」の部分を書いていこう

◆「結果」の部分を仕上げましょう。次の内容を書くことができましたか？

押さえておきたい内容	執筆できたらチェック	それを書いたページ番号
基本統計量の結果	☐	
柱となる結果に至るための結果	☐	
仮説に対するデータ分析結果	☐	
追加的なデータ分析結果	☐	
その他気づいたことをメモしておきましょう：		

◆「考察」の部分を仕上げましょう。次の内容を書くことができましたか？

押さえておきたい内容	執筆できたらチェック	それを書いたページ番号
研究の要約	☐	
柱となる結果と解釈	☐	
追加的な結果とその解釈	☐	
研究の限界や弱点	☐	
今後の研究課題	☐	
研究の応用可能性	☐	
その他気づいたことをメモしておきましょう：		

　執筆する中で解決すべき問題に直面した場合には，教員や大学院生，先輩などに相談して助言をもらいましょう。

　ステージ9はこれで終了です。とうとう論文をひと通り書き上げましたね！　最後のステージでは，論文をさらに練り上げて，発表の準備を進めましょう。
　では，終了日時を書き込んで最後のステージに進みましょう。

MEMO

【ステージ10】
書き上げてチェックしよう

stage **10**

　ステージ10では，論文を完成・提出し，卒業論文の評価に必要なプレゼンテーションの準備を整えます。まず，論文の構成を見直しましょう（10-1）。その見直しに従って論文の内容を整えたら，仲間どうしで読み合ってみましょう（10-2）。また，論文に要約が必要な場合には，論文全体をまとめながら執筆しましょう（10-3）。次は，引用文献リストの体裁を整え，論文の完成度を高めます（10-4）。そしてとうとう，論文を完成させ，提出する段階がやってきます（10-5）。次に，論文提出後の課題として，海外のプレゼンテーションの仕方について学びながら，自分のプレゼンテーションの準備を始めましょう（10-6）。そして，プレゼンテーションの準備や練習を行えば，本書のすべてのステップは終了です（10-7）。アイデアを思い浮かべる段階から，とうとうここまでやってきました。最後まで気を引き締めて作業を進めていきましょう。

　では，所要時間の目安を参考にしながら予定を記入し，ページをめくって始めましょう。

	ステージ10の7つのステップ	所要時間（目安）	予定	チェック
10-1	論文の構成を整えよう	4時間		
10-2	仲間に読んでもらおう	2〜5時間		
10-3	要約を書こう	3時間		
10-4	引用文献リストの体裁を整えよう	2〜5時間		
10-5	最終確認をして論文を提出しよう	3時間		
10-6	英語でのプレゼンテーション技術を参考にしよう	2時間		
10-7	ステージ10のゴール：発表準備をしよう	4時間		

10-1 論文の構成を整えよう

開始日時（　　　　　）終了日時（　　　　　）かかった時間数（　　日　　時間）

① 論文全体のストーリー

「問題と目的」の部分にはその独自のストーリーが，「結果」には結果の部分，「考察」には考察の部分でそれぞれストーリーがあります。それと同じように，論文全体にもストーリーがあります。このステップでは，論文全体を見渡してみましょう。

ここまでの作業で，おおよそ論文の素材は出揃い，本文もほぼ完成に近づいてきたのではないでしょうか。その素材を再度振り返り，ストーリーをつくります。次のような作業手順を参考にしてください。

1. 論文の各部分の名前を書き出す
   ⇒「問題と目的」，「方法」，「結果」，「考察」の部分の項目名を抜き出しましょう。
2. 内容の構造を考えながら並べる
   ⇒どの項目が，次にどの項目につながるのか，どの項目とどの項目が並列なのか，など項目どうしの関係を考えます。
3. フローチャートに描いてみる
   ⇒項目どうしを矢印でつなぎ，論の流れを図にしてみます。

② やってみよう

例えば右の図は，ある（架空の）論文の項目名をフローチャートとして並べたものです。このように，論文全体の各項目（問題と目的，方法，結果，考察，文献など）で大きな枠を描き，その中に項目名を並べて，論文全体の構造を検討してみましょう。

一度並べたら，本当にその順番で内容がうまく伝わるかどうかを考えながら，試行錯誤してみましょう。

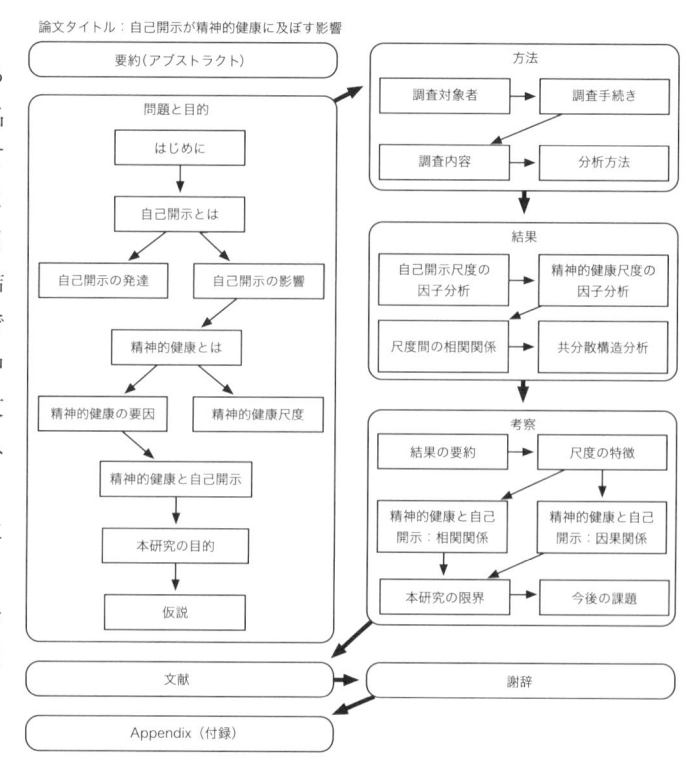

論文タイトル：

良いストーリーが出来上がったら，そのフローチャートも「論文の構成」などとタイトルをつけ，図（Figure）として，卒業論文の付録や「問題・目的」などに挿入してもよいかもしれません。このような作業を行いながら論文を整え，仕上げに向かっていきましょう。

③ 論文を構成するその他の部分も仕上げていこう

徐々に終わりが見えてきましたね。10-5で最終確認を行うので，この時点で表紙もつくってしまいましょう。学籍番号や氏名など必要な情報を忘れないでくださいね。目次はつけましたか。また，御指導いただいた先生たちや協力してくださった方々に対する謝辞や「おわりに」の言葉も書きましたか。付録（調査に使用して，掲載が可能な質問紙など）も忘れてはいけませんよ。

10-1はこれで終了です。終了日時を書き込みましょう。

10-2　仲間に読んでもらおう

開始日時（　　　　　）終了日時（　　　　　）かかった時間数（　　日　　　時間）

① ピア・レビュー

　論文をひと通り書き終えたら，誰か他の人に読んでもらいましょう。可能であれば，指導教員に見せる前に，一緒に論文を書いている仲間に読んでもらうのがよいでしょう。

　他の人に論文を読んでもらう最大のメリットは，自分ではよくわかっているつもりでも，説明不足や論の飛躍がある箇所などについて指摘してもらえることにあります。今皆さんが取り組んでいる研究の具体的な内容に関しては，皆さん自身が一番よく知っています。ですから，ところどころ，細かな情報が抜け落ちていたとしても，自分には知識があるためその空白の部分を無意識で埋めることができ，「論が飛んでいる」ことにはなかなか気づくことができません。他の人に読んでもらいながら，「あれ？何で突然こんな言葉が出てくるのかな」とか「なぜこういう分析をすることになったのかな」といった素朴な疑問を教えてもらうことがとても役に立ちます。

　それに加えて，誤字脱字を含め，自分ではまったく気づいていなかったミスを指摘してもらえることも大きなメリットです。私たちも，多くの論文や書籍を執筆してきましたが，何度見直しても自分の目には飛び込んでこなかったミスを，読んでもらった人から指摘されるということが幾度となくあります。あなたの論文にも，きっとさまざまなミスや意味の通じない文章，読解が困難な文章などが含まれているはずです。それはあなたに文才がないわけではなく，誰にでも起こり得ることなのです。そのような修正点・改善点を見つけるためにも，ぜひ他の人に論文を読んでもらいましょう。

　また，あなたが他の人の論文を読むことも勉強になります。自分の論文では使っていない言い回し，結果の整理の仕方，自分にはない考え方など，学ぶことは数多くあることでしょう。もちろん，ミスを指摘してあげることは相手のためにもなります。ですから，締め切りが迫っているかもしれませんが，ぜひ同じゼミのメンバーや仲間どうしで，論文の読み合い，ピア・レビューをすることをお勧めします。

② 互いに読むポイント

　仲間どうしで論文を読み合う際には，特に次のことを意識しましょう。

1. 言葉の誤り
　⇒使い方を誤っている言葉や，誤字脱字などの単純なミスを見つけましょう。
2. 主述の対応
　⇒主語と述語が対応していなかったり，不明瞭だったりする文章を見つけましょう。
3. 文と文のつながり
　⇒前の文の内容と次の文の内容はスムーズにつながっているでしょうか。また，接続詞

は適切に使っているでしょうか。
4. 意味の読み取り
　　⇒意味が読み取れない文章があったら，必ず伝え合いましょう。「読み取れない自分が悪いのではないか」と思う必要はありません。たいていそれは文章が悪いのです。
5. 気になること
　　⇒読んでいて気になったことは，執筆した本人に確認しましょう。これも臆することはありません。指摘し合うことが，より良い論文に近づけるために必要なことなのです。
6. 言葉の意味
　　⇒読み進むにつれて，初めて出てきた言葉で説明がないものについても，印をして，執筆した人に知らせましょう。
7. より良いものに仕上げるために協力し合う
　　⇒気をつけてもらいたいことは，「ダメだし」と論文の「レビュー」を混同しない，ということです。相手の研究の良いところもぜひ伝えましょう。論文の売り，長所となる部分は，論文の限界や短所と同様，大切なポイントになります。

③　互いに読もう

　では，仲間と論文を交換して，実際に読んでみましょう。気づいたことをこのページの枠内に書き込んでいってください。

◆論文を読んで気づいたことを書き留めましょう。足りなければノートに書いてください。

ページ	行	気づいた内容

　仲間どうしで論文を読み合ったら，指摘された内容を参考にしながら論文を改善・修正しましょう。言われた箇所をすべて修正する必要はありません。自分が納得できる部分を修正すればよいのです。編集した後で，教員に読んでもらうとまた違った視点からの意見を得ることができるでしょう。

　10-2はこれで終了です。終了日時を書き込みましょう。

10-3 要約を書こう

開始日時（　　　　　）終了日時（　　　　　）かかった時間数（　　日　　時間）

① 論文の要約

論文の要約は，論文全体を端的に限られた文字数で表現するものです。要約をつけることで，論文全体の内容，つまり概要を短時間で理解することができます。学術雑誌に掲載されている論文の多くには，要約（日本語および英語）がつけられています。

なお，あなたの論文に要約が必要かどうかは，あなたの論文提出先の規定によりますので，確認をしてください。もし必要な場合には，文字数（学術雑誌の場合は和文：300〜500文字程度，英文：150〜250語程度が多い）についても確認しましょう。

② 要約に必要な内容

要約には次の内容を含めます。
1. 研究の課題・目的
   ⇒できれば1〜2文で簡潔に述べましょう。
2. 研究方法・対象
   ⇒その目的を達成するために採用した研究方法を簡潔に述べましょう。研究対象者の特徴も述べましょう。調査や実験，面接や観察を行った場合には，必ず対象者の人数や年齢，性別など，基本的な情報も書くようにしましょう。
3. 結果
   ⇒得られた結果の中から，研究の目的に直接関係する知見，柱となる結果を簡潔に述べましょう。統計の具体的な数値内容を入れるかどうかは文字数や規定にもよりますので，卒業生の論文がもしあれば，それらも参考にして，自分の要約を書きましょう。
4. 結論
   ⇒研究の結果言えること，研究の意義や今後の展望などを簡潔に述べましょう。

◆ 2-3であなたが参考にした論文の日本語の要約を，もう一度読んでみましょう。

上述の「1」にあてはまる文章は	
上述の「2」にあてはまる文章は	
上述の「3」にあてはまる文章は	
上述の「4」にあてはまる文章は	

【ステージ10】書き上げてチェックしよう

③要約を執筆しよう

では，先ほどの内容に沿って，日本語の要約を執筆していきましょう。

◆4つの内容に分けて書いてみましょう。

1. 研究の課題・目的

2. 研究方法・対象

3. 結果

4. 結論

　要約の例は，手元にある学術雑誌の論文を含め，インターネット等でもたくさん検索することができるはずです。書き方がわからなくなったら，さまざまな例を参考にしましょう。

　各部分を執筆することができたら，ワープロソフトで清書しましょう。そして規定の文字数におさまっているかどうかを確認しましょう。書き終わったら，10-2と同じように，仲間どうしで読み合ってみましょう。

　10-3はこれで終了です。終了日時を書き込みましょう。

10-4 引用文献リストの体裁を整えよう

開始日時（　　　　）終了日時（　　　　）かかった時間数（　　日　　時間）

① 文献リストをつくろう

3-5で，文献とその内容のデータベースないしはファイルを作成することを紹介しましたが，その後も引き続きデータベースを充実させてきたでしょうか。このステップでは，論文の末尾に掲載される文献リストを完成させることを目的とします。

② 文献の並べ方

文献の並べ方は，学問分野や論文の規定によって異なります。各文献が本文中に登場した順に数字を示し，文献リストはその順番に並べる形式のものもあれば，本文中には著者姓と発表年のみ示し，文献リストでは姓のアルファベット順に文献を並べる形式のものもあります。

◆あなたの論文の文献リストの体裁は決められているでしょうか。
　　　　　　　　　　　　　　　　　　　　⇒　（　はい　・　いいえ　）

もしも決まっていない場合には，あなたの専門分野における文献リストの作成方法を参考にしましょう。例えば心理学の場合には，日本心理学会機関誌等編集委員会（2015）による「執筆・投稿の手びき　2015年版」を参考にするとよいでしょう。

◆あなたが文献リストの作成方法で参考にする資料名を記入してください。

```
あなたが参考にするのは……


```

③ 心理学の文献リスト

では，日本心理学会機関誌等編集委員会（2015）の「執筆・投稿の手びき　2015年版」に従って，いくつか注意点を示してみたいと思います。

1. 参考文献は掲載しません。本文中に引用した文献のみ掲載しましょう。
2. 間接的な引用（いわゆる孫引き）は可能な限り避けましょう。間接的な引用とは，文

献Aに引用されている文献Bの内容を読んだのに，まるで直接文献Bを読んだかのように引用することです。引用する文献は手元に必ずその文献を，何らかの形で持っておくことを強くお勧めします。どうしても手に入らない文献を間接的に引用しなければならない場合には，例えば文献の最後に「(小塩，2000による)」など，依拠する文献を明らかにしておきましょう。もちろんこの場合には，「(小塩，2000)」が文献リストに掲載されている必要がありますので，両方とも明記しましょう。

3. 文献は国内外のものを混ぜて，アルファベット順に並べるのが一般的です。同一著者の文献がある場合には，共著者の有無，発表年によって順番が決定されると決まっています。「執筆・投稿の手びき　2015年版」などを参照して，順序良く並べましょう。
4. 日本語の文献の場合，英語名も示すかどうかについては，教員に確認しましょう。
5. 文献の種類（海外の論文，海外の書籍〔単著・共著〕，海外の書籍〔編著者・編者〕，日本の論文，日本の書籍〔単著・共著〕，日本の書籍〔編著者・編者〕，新聞・雑誌記事，インターネット上の資料，その他）によって，記述する際のフォーマットが異なります。規定を読み，例として参考に出来そうな論文がもしあればそれも利用しましょう。
6. 刊行年次の括弧の後ろや文献の最後には必ずピリオドを付けましょう。
7. 刊行年次やページ数などの数字を半角で書くか，全角で書くか，また括弧を半角で書くか，全角で書くかについても，規定がある場合があります。チェックしましょう。
8. インターネット上の資料の場合には，URLとアクセス日を記載しましょう。ただし，インターネットで調べた資料であっても，印刷版があるものや研究論文の場合にはURLやアクセス日は不要です。

④　文献リストを完成させよう

上に挙げた注意点や資料を参考にしながら，引用文献リストを完成させてください。

◆文献リスト作成に際して，わからないことがあったらメモを書いておきましょう。

```
┌─────────────────────────────────────┐
│                                     │
│                                     │
│                                     │
│                                     │
└─────────────────────────────────────┘
```

不明点があったら，教員や大学院生などに確認するようにしましょう。

では最後に，本文中に引用した論文がすべてこの「引用文献」の部分に記されているか，確認しましょう。私たちは，本文を読みながら，論文の引用が出てくるたびに，文献リストをチェックして，引用文献をマーカーでハイライトしてチェックしています。PCのソフトを使っている場合には，その検索機能を利用して，抜け落ちている文献がないかどうかを確認することもできます。

引用文献の確認が終わったら，10-4はこれで終了です。終了日時を書き込みましょう。

10-5 最終確認をして論文を提出しよう

開始日時（　　　　　）終了日時（　　　　　）かかった時間数（　　日　　　時間）

① 締め切りを確認しよう

　ここまでのステップで，論文はほぼ完成してきたのではないでしょうか。あなたの論文提出の締め切りまで，後どれくらいの時間が残されているでしょうか。

◆論文提出まで残り　　　　　　（　　　　　　　）日（　　　　　　　）時間

　提出までの残り時間を有効に活用して，論文をより良いものに高めていきましょう。

② プリントアウトして読もう

　論文を一度，プリントアウトしてみましょう。インクや紙がもったいない場合には，1枚の紙に2ページずつプリントアウトしても両面印刷でもよいですね（ただし1枚の紙に4ページずつプリントアウトすると，図表などが見にくいのでお勧めしません）。

◆論文をプリントアウトしましたか？　　　　　　　　　　　（　はい　・　いいえ　）

　プリントアウトした論文を，じっくりと読んでみましょう。確認ができたら，□にチェックを入れてください。
- □ 誤字脱字はありませんか？
- □ 不必要な文章や消し忘れた文字などはありませんか？
- □ 本文中に出てくる文献と引用文献リストに並べられている文献はすべて対応していますか？
- □ 図表の挿入場所は適切ですか？
- □ 結果の数値に誤りはありませんか？
- □ 結果を示す統計記号（$p < .05$ など）でイタリックにすべきところはイタリックになっていますか？
- □ 図表と本文の説明や数値はすべて対応していますか？
- □ 論文のフォーマットは整っていますか？フォントの種類と大きさがまちまちになっていませんか。また，文字揃えは，左の行頭を揃える体裁（あるいは両端揃え）に統一できていますか。ページによってばらばらになっていませんか。
- □ 論文や目次と本文のタイトル，図表の番号やタイトルに誤りはありませんか？
- □ 1ページの文字数・行数などは論文のフォーマットに従っていますか？
- □ ページ番号はつけられていますか？表紙がある場合には表紙にページ番号をつけないように設定していますか？

□　氏名と学生番号は記載されていますか？

◆すべて確認できましたか？　　　　　　　　　　　　　（　はい　・　いいえ　）

③　教員による確認

　確認ができたら，最終版の論文を教員に確認してもらいましょう。なお，最終確認が必要かどうかについては，教員に尋ねてください。

◆教員の最終確認は必要ですか？　　　　　　　　　　　（　はい　・　いいえ　）

　もし最終確認が必要だと指示された場合には，確認をお願いしましょう。

◆教員に指摘された内容を修正しましたか？　　　　　　（　はい　・　いいえ　）

④　プリントアウトと製本

　これまで私たちは，何度も卒業論文を提出する場面に立ち会っていますが，提出間際という時期に限って，プリンタが故障したり，ファイルが消失したり，PCが故障したりする現象が起きるものです。論文の印刷を行う際には，時間の余裕を持って行いましょう。
　論文の製本方法や提出方法は，あなたが所属している学部・学科によって異なります。必ず確認しておきましょう。

◆論文の提出に関して注意すべき点があればメモを取っておきましょう。

```
┌─────────────────────────────────────┐
│                                     │
│                                     │
│                                     │
│                                     │
│                                     │
│                                     │
└─────────────────────────────────────┘
```

　さあ，論文の提出準備が整いました。適切な手続きで提出しましょう。
　論文を提出後，研究発表会や口頭試問を受ける必要はあるでしょうか。次のステップでは，プレゼンテーションの準備を進めていきましょう。

　10-5 はこれで終了です。終了日時を書き込みましょう。

10-6	英語でのプレゼンテーション技術を参考にしよう

開始日時（　　　　　）終了日時（　　　　　）かかった時間数（　　　日　　　時間）

① 論文をプレゼンテーションするための準備を始めよう

　卒業論文は仕上がりましたか？提出を終えてほっとしているでしょうか。けれども，卒業論文を書いてすべて終わりという大学はそう多くありません。卒業論文の内容を研究発表会や口頭試問，あるいは口頭発表という形で発表する大学が数多くあります。このステップでは，発表が必要な場合を想定して，その準備を進めていきましょう。

② 発表形式の確認

　あなたが所属している学部・学科では，卒論提出後にどのような発表形式をとっているでしょうか。

◆あなたはどのような形式で論文の発表を行いますか？
a．口頭試問（設定時間は＿＿分）b．口頭発表（設定時間は＿＿分）c．ポスター発表
d．その他の形式（　　　　　　　　　　　　　） e．発表の予定はない
　いずれの形式であっても，うまくあなたの研究や論文の内容を要約し，他の人々に伝える方法を考える必要があります。

③ 英語でのプレゼンテーション技術を参考にしよう：その１

　プレゼンテーションの準備を進めるにあたって，このステップでは，英語でのプレゼンテーション技術をチェックしましょう。まずは発表する内容をどのように絞り込むかを考えていきます。

◆皆さんが書いた卒業論文は全部で何ページありますか　　　　（　　　　　ページ）

　このすべての内容を決められた時間の中で発表することはできません。ですから，大切な情報を簡潔にまとめて発表することが必要になります。
　著者である私たちは，自分の研究を英語で発表するとき，3つのバージョンを準備します。15秒バージョン，5分バージョン，そして15分バージョンです。

1. 15秒バージョンとは，ポスター発表などの場で，必ずしも私たちの研究が目当てでそこに来たわけではなく，ただうろうろ，きょろきょろしている人たちがふとタイトルを見て足を止めてくれたときに使うバージョンを指します。こういう人たちは，長い話を必要としていません。「どういう研究か」を一言，二言で知りたいだけです。

【ステージ10】書き上げてチェックしよう

> 15秒バージョンの例：「今，〜〜ということが問題になっています。そこで私は○○を研究テーマに掲げ，△△を対象としてデータを取り，□□ということを明らかにしました」

2. 5分バージョンとは，上述の15秒バージョンで足を止めてくれた人が，もうちょっと詳しいことを知りたいと思ったときに使う説明です。これは卒業論文の要約に書いた内容に肉付けするイメージです。このバージョンでは，リサーチクエスチョンに自分なりにどのような答えを出すことができたのか，また仮説を立てた場合にはその仮説が検証されたのかどうかといったことに主眼をおきましょう。

> 5分バージョンの例：「今，〜〜ということが問題になっています。そのことに関してこれまでの研究では○○ということがわかってきていますが，△△という疑問は未だ解決されていません。そこで私は○○を研究テーマに掲げ，〜〜という仮説を立てて実験（調査，面接，観察）を行いました。△△を対象として□□というデータを取りました。具体的なデータの内容は〜〜です。仮説を検証するために，〜〜という分析を行いました。その結果〜〜ということが明らかになりました。先行研究の結果と比べると，これは〜〜ということを示しているのではないかと思います。この研究では〜〜という問題点がありますので，もし将来的に研究を続けるなら〜〜という方向性が考えられるのではないかと思っています。私が今回見いだした結果から言えることがあるとするならば，◇◇ということになります（この最後の◇◇部分にテイクホームメッセージが込められることが多いです）」

　もしも，パワーポイント等のビジュアルエイドを使って5分で研究発表を行う場合には，「問題と目的」「方法」「結果」「考察」のそれぞれの部分が大体1分ずつくらいになるように準備しましょう。パワーポイントの場合には各2枚ずつスライドを準備して8枚。表紙と引用文献等を入れて合計10枚前後で準備すればよいと思います。

3. 15分バージョンとは，学会等で口頭発表するときによく見られる設定です。学会によっては20分のところ，25分のところもありますが，「研究発表」の場合には30分以内の設定がほとんどです。この場合には，メインの結果だけでなくそれに付随した結果も発表することができます。先ほどのように目安を考えるならば，「問題と目的」等の各部分それぞれが3分ずつ（全体で20分の場合には4分ずつ）くらいで準備しましょう。パワーポイントで言えば，それぞれ4枚ずつスライドを準備してはどうでしょうか。

④　英語でのプレゼンテーション技術を参考にしよう：その2

　9-6で，「Active Voice」と「Passive Voice」について説明しました。皆さんは卒業論文を「Passive Voice」つまり，「○○ということが示唆された」「△△という分析がなされた」などという文体で書いたかもしれません。けれども口頭で発表する場合には，その書き言葉をそのままの形で読む必要はありません。伝えたい相手が，あなたの研究をしっかりと理解できるよう，筋道を立ててわかりやすくプレゼンテーションしましょう。

　10-6はこれで終了です。終了日時を書き込みましょう。

10-7 発表準備をしよう

開始日時（　　　　　）終了日時（　　　　　）かかった時間数（　　日　　　時間）

① 発表形式の再確認

10-6で発表形式を確認しましたね。再度，発表の時間や形式を確認しておきましょう。
- ◆発表の形式は：口頭試問・口頭発表・ポスター発表・その他（　　　　　）・なし
- ◆発表の時間は：（　　　　　　　　）分・決まりなし
- ◆発表にとって準備すべき内容は：ポスター・スライド・その他（　　　　　　）・なし

② 伝えるために

あなたの研究を効率よく他の人に伝えるためには，7-6で考えたテイクホームメッセージや，10-3の要約の内容を基本にするのがよいでしょう。もう一度ここまでのステップを見直して，あなたの研究のストーリーを確認してください。

◆あなたの研究の内容を確認しましょう。

論文のタイトルは？
問題の背景・あなたの問題意識の所在は？
目的・リサーチクエスチョンは？仮説は？
方法は？
実験（調査・面接・観察）対象は？
柱となる結果は？
結果から何が言えましたか？
この結果の応用可能性や今後の課題は？

③ 発表の道具づくり

　研究内容に基づいて，発表の道具づくりを行いましょう。それぞれの発表の形式で気をつけることを挙げます。

口頭試問の場合
1. 研究を要約した台本を用意して，設定された時間内に終わるよう練習しましょう。
2. どのような質問を受ける可能性が高いか，いくつか準備しておきましょう。
3. 質問に適切に回答できるように，論文やこの本に書いたメモを読み直しましょう。
4. 仲間どうしで台本を読み合い，質問し合う練習をしておきましょう。

口頭発表の場合
1. 発表時間を確認しましょう。
2. 発表形式（スライド，配布資料など）を確認しましょう。
3. 時間内に終わるような分量でスライドをつくりましょう。1枚のスライドに情報を詰め込みすぎないよう気をつけましょう。
4. PCやプロジェクタの設備を確認しましょう。
5. 必ず発表の練習をしましょう。

ポスター発表の場合
1. ポスターを貼るスペースおよびポスターの大きさを確認しましょう。
2. ポスターの作成例がある場合にはそれを参考にしましょう。
3. ポスターを作成して，仲間や先輩，教員に見てもらいましょう。
4. 大判プリンタで出力するか，複数枚の用紙を組み合わせてポスターを作成するか，出力形式を確認しましょう。

　どのような形式であっても，先ほどまとめた研究の内容を正確に反映させることがポイントです。これまでのステップで，あなた自身の研究内容について，自分で十分に理解できていることと思います。自信を持って準備を進めていきましょう。
　では，健闘を祈ります！以上ですべてのステップは終了です。お疲れ様でした。終了日時を書き込みましょう。

<付録>
　ここまで論文執筆作業を進めてきて，どのようなことを思ったり感じたりしたでしょうか。ぜひ，感想をまとめておきましょう。

◆論文を執筆し終えた感想は？

引用文献

アメリカ心理学会　前田樹海・江藤裕之・田中建彦（訳）（2011）．APA 論文作成マニュアル 第2版　医学書院

Cohen, J. (1992). A power primer. *Quantitative Methods in Psychology, 112,* 155-159.

岩崎眞和・五十嵐透子（2014）．青年期用感謝尺度の作成　心理臨床学研究, **32 (1),** 107-118.

森下葉子（2006）．父親になることによる発達とそれに関わる要因　発達心理学研究, **17,** 182-192.

縄田健吾（2014）．血液型と性格の無関連性——日本と米国の大規模社会調査を用いた実証的論拠——　心理学研究, **85,** 148-156.

日本発達心理学会（監修）（2000）．心理学・倫理ガイドブック——リサーチと臨床——　有斐閣

日本教育心理学会（2000）．日本教育心理学会倫理綱領（http://www.edupsych.jp/wordpress/assets/17e4b9e63684c2ed437dfcc3ef5b9474.pdf）

日本心理学会機関誌等編集委員会（編）（2015）．執筆・投稿の手びき　2015 年版　公益社団法人日本心理学会（http://www.psych.or.jp/publication/）

日本心理学会倫理委員会（2011）．公益社団法人日本心理学会倫理規程　公益社団法人日本心理学会

岡田　努（2011）．現代青年の友人関係と自尊感情の関連について　パーソナリティ研究, **20,** 11-20.

齊藤茉梨絵・藤井恭子（2009）．「内面的関係」と「表面的関係」の2側面による現代青年の友人関係の類型的特徴——賞賛獲得欲求・拒否回避欲求および充実感からの検討——　愛知教育大学研究報告, **58**（教育科学編），133-139.

参考文献

Belcher, W. L. (2009). *Writing your journal article in 12 weeks: A guide to academic publishing success.* Thousand Oaks, CA: SAGE Publication Inc.

Cone, J. D., & Foster, S. L. (2006). *Dissertations and theses from start to finish: Psychology and related fields.* 2nd ed. Washington, D.C.: American Psychological Association.

松井　豊（2010）．改訂新版　心理学論文の書き方——卒業論文や修士論文を書くために——　河出書房新社

坂本真士・大平秀樹（2013）．心理学論文道場——基礎から始める英語論文執筆——　世界思想社

Silvia, P. J. (2007). How to write a lot: A practical guide to productive academic writing. Washington, D.C.: American Psychological Association.
　　（ポール・J・シルヴィア　高橋さきの（訳）（2015）．できる研究者の論文生産術——どうすれば「たくさん」書けるのか——　講談社）

都築　学（2006）．心理学論文の書き方——おいしい論文のレシピ——　有斐閣

【著者】

小塩 真司（おしお・あつし）
2000年名古屋大学大学院教育学研究科博士課程後期課程修了。博士（教育心理学）。中部大学人文学部講師，助教授，准教授を経て2012年より早稲田大学文学学術院准教授。2014年より同教授。専門はパーソナリティ心理学，発達心理学。主要著書『Progress & Application パーソナリティ心理学』（サイエンス社，2014年），『性格を科学する心理学のはなし』（新曜社，2011年）他多数。研究室URL：http://www.f.waseda.jp/oshio.at/

宅 香菜子（たく・かなこ）
2005年名古屋大学大学院教育発達科学研究科博士課程後期課程修了。博士（心理学）。ノースカロライナ大学シャーロット校心理学部客員研究員を経て2008年よりオークランド大学心理学部アシスタントプロフェッサー。2014年より同アソシエイトプロフェッサー。専門は臨床心理学。主要著・訳書『悲しみから人が成長するとき：PTG（Posttraumatic Growth）』（風間書房，2014年），『心的外傷後成長ハンドブック：耐え難い体験が人の心にもたらすもの』（医学書院，2013年）他。研究室URL：https://kanakotaku.wordpress.com/

心理学の卒業研究ワークブック
発想から論文完成までの10ステージ

2015年9月25日　初版第1刷発行　　　　〔検印省略〕
2017年2月28日　初版第4刷発行

著　者　　小 塩 真 司
　　　　　宅　香 菜 子
発行者　　金　子　紀　子
発行所　　株式会社 金 子 書 房
〒112-0012 東京都文京区大塚3-3-7
電　話　03（3941）0111〔代〕
FAX　03（3941）0163
振　替　00180-9-103376
URL http://www.kanekoshobo.co.jp

印刷　藤原印刷株式会社　製本　株式会社宮製本所

© Atsushi Oshio & Kanako Taku, 2015　Printed in Japan
ISBN 978-4-7608-2655-1　C 3011